ESQUISSE

D'UN

TABLEAU HISTORIQUE

DES PROGRÈS DE L'ESPRIT HUMAIN.

ESQUISSE

D'UN

TABLEAU HISTORIQUE

DES PROGRÈS DE L'ESPRIT HUMAIN.

Ouvrage posthume de CONDORCET.

A PARIS,

Chez AGASSE, rue des Poitevins, N°. 13.

L'AN III. DE LA RÉPUBLIQUE, UNE ET INDIVISIBLE.

AVERTISSEMENT.

Condorcet proscrit, voulut un moment adresser à ses concitoyens un exposé de ses principes, et de sa conduite comme homme public. Il traça quelques lignes; mais prêt à rappeler trente années de travaux utiles, et cette foule d'écrits, où depuis la révolution on l'avoit vu attaquer constamment toutes les institutions contraires à la liberté, il renonça à une justification inutile. Etranger à toutes les passions, il ne voulut pas même souiller sa pensée par le souvenir de ses persécuteurs ; et dans une sublime et continuelle absence de lui-même, il consacra à un ouvrage d'une utilité générale et durable, le court intervalle qui le séparoit de la mort. C'est cet ouvrage que l'on donne aujourd'hui ; il en rappelle un grand nombre d'autres, où dès long-temps les droits des hommes étoient discutés et établis ; où la superstition avoit reçu les derniers coups ; où les méthodes des sciences mathématiques, appliquées à de nouveaux objets, ont ouvert des routes nouvelles aux sciences politiques et morales ; où les vrais principes du bonheur social ont reçu un développement et un genre de démonstration inconnu jusqu'alors ; où enfin on retrouve par-tout, des traces de cette moralité profonde qui bannit jusqu'aux foiblesses de l'amour-propre, de ces vertus inaltérables, près desquelles on ne peut vivre sans éprouver une vénération religieuse.

Puisse ce déplorable exemple des plus rares talens perdus pour la patrie, pour la cause de la liberté, pour les progrès des lumières, pour leurs applications bienfaisantes aux besoins de l'homme civilisé, exciter des regrets utiles à la chose publique! Puisse cette mort, qui ne servira pas peu, dans l'histoire, à caractériser l'époque où elle est arrivée, inspirer un attachement inébranlable aux droits dont elle fut la violation! C'est le seul hommage digne du sage, qui, sous le glaive de la mort, méditoit en paix l'amélioration de ses semblables;

c'est la seule consolation que puissent éprouver ceux qui ont été l'objet de ses affections, et qui ont connu toute sa vertu.

ESQUISSE

D'UN TABLEAU HISTORIQUE

DES PROGRÈS DE L'ESPRIT HUMAIN.

L'Homme naît avec la faculté de recevoir des sensations, d'appercevoir et de distinguer, dans celles qu'il reçoit, les sensations simples dont elles sont composées, de les retenir, de les reconnoître, de les combiner, de conserver ou de rappeler dans sa mémoire; de comparer entr'elles ces combinaisons, de saisir ce qu'elles ont de commun et ce qui les distingue, d'attacher des signes à tous ces objets, pour les reconnoître mieux, et s'en faciliter de nouvelles combinaisons.

Cette faculté se développe en lui par l'action des choses extérieures, c'est-à-dire, par la présence de certaines sensations composées, dont la constance, soit dans l'identité de leur ensemble, soit dans les lois de leurs changemens, est indépendante de lui. Il l'exerce également par la communication avec des individus semblables à lui ; enfin, par des moyens artificiels, qu'après le premier développement de cette même faculté, les hommes sont parvenus à inventer.

Les sensations sont accompagnées de plaisir et de douleur ; et l'homme a de même la faculté de transformer ces impressions momentanées en sentimens durables, doux ou pénibles ; d'éprouver ces sentimens à la vue ou au souvenir des plaisirs ou des douleurs des autres êtres sensibles. Enfin, de cette faculté unie à celle de former et de combiner des idées, naissent, entre lui et ses semblables, des relations d'intérêt et de devoir, auxquelles la nature même a voulu attacher la portion la plus précieuse de notre bonheur et les plus douloureux de nos maux.

Si l'on se borne à observer, à connoître les faits généraux et les lois constantes que présente le développement de ces facultés, dans ce qu'il a de commun aux divers individus de l'espèce humaine, cette science porte le nom de métaphysique.

Mais si l'on considère ce même développement dans ses résultats, relativement à la masse des individus qui co-existent dans le même temps sur un espace donné, et si on le suit de générations en générations, il présente alors le tableau des progrès de l'esprit humain. Ce progrès est soumis aux mêmes lois générales qui s'observent dans le développement individuel de nos facultés, puisqu'il est le résultat de ce développement, considéré en même-temps dans un grand nombre d'individus réunis en société. Mais le résultat que chaque instant présente dépend de celui qu'offroient les instans précédens, et influe sur celui des temps qui doivent suivre.

Ce tableau est donc historique, puisque, assujetti à de perpétuelles variations, il se forme par l'observation successive des sociétés humaines aux différentes époques qu'elles ont parcourues. Il doit présenter l'ordre des changemens, exposer l'influence qu'exerce chaque instant sur celui qui le remplace, et montrer ainsi, dans les modifications qu'a reçues l'espèce humaine, en se renouvelant sans cesse au milieu de l'immensité des siècles, la marche qu'elle a suivie, les pas qu'elle a faits vers la vérité ou le bonheur. Ces observations, sur ce que l'homme a été, sur ce qu'il est aujourd'hui, conduiront ensuite aux moyens d'assurer et d'accélérer les nouveaux progrès que sa nature lui permet d'espérer encore.

Tel est le but de l'ouvrage que j'ai entrepris, et dont le résultat sera de montrer, par le raisonnement et par les faits, qu'il n'a été marqué aucun terme au perfectionnement des facultés humaines ; que la perfectibilité de l'homme est réellement indéfinie ; que les progrès de cette perfectibilité, désormais indépendante de toute puissance qui voudroit les arrêter, n'ont d'autre terme que la durée du globe où la nature nous a jetés. Sans doute, ces progrès pourront suivre une marche plus ou moins rapide, mais jamais elle ne sera rétrograde ; du moins, tant que la terre occupera la même place dans le système de l'univers, et que les lois générales de ce système ne produiront sur ce globe, ni un bouleversement général, ni des changemens qui ne permettroient plus à l'espèce humaine d'y conserver, d'y déployer les mêmes facultés, et d'y trouver les mêmes ressources.

Le premier état de civilisation où l'on ait observé l'espèce humaine, est celui d'une société peu nombreuse d'hommes subsistans de la chasse et de la pêche, ne connoissant que l'art grossier de fabriquer leurs armes et quelques ustensiles de ménage, de construire ou de se creuser des logemens, mais ayant déjà une langue pour se communiquer leurs besoins, et un petit nombre d'idées morales, dont ils déduisent des règles communes de conduite, vivant en familles, se conformant à des usages généraux qui leur tiennent lieu de lois, et ayant même une forme grossière de gouvernement.

On sent que l'incertitude et la difficulté de pourvoir à sa subsistance, l'alternative nécessaire d'une fatigue extrême et d'un repos absolu, ne laissent point à l'homme ce loisir, où, s'abandonnant à ses idées, il peut enrichir son intelligence de combinaisons nouvelles. Les moyens de satisfaire à ses besoins sont même trop dépendans du hasard et des saisons, pour exciter utilement une industrie dont les progrès puissent se transmettre ; et chacun se borne à perfectionner son habileté ou son adresse personnelle.

Ainsi, les progrès de l'espèce humaine durent alors être très-lents ; elle ne pouvoit en faire que de loin en loin, et lorsqu'elle étoit favorisée par des circonstances extraordinaires. Cependant, à la subsistance tirée de la chasse, de la pêche, ou des fruits offerts spontanément par la terre, nous voyons succéder la nourriture fournie par des animaux que l'homme a réduits à l'état de domesticité, qu'il sait conserver et multiplier. A ces moyens se joint ensuite une agriculture grossière ; il ne se contente plus des fruits ou des plantes qu'il rencontre ; il apprend à en former des provisions, à les rassembler autour de lui, à les semer ou les planter, à en favoriser la reproduction par le travail de la culture.

La propriété qui, dans le premier état, se bornoit à celle des animaux tués par lui, de ses armes, de ses filets, des ustensiles de son ménage, devint d'abord celle de son troupeau, et ensuite, celle de la terre qu'il a défrichée et qu'il cultive. A la mort du chef, cette propriété se transmet naturellement à la famille. Quelques-uns possèdent un superflu susceptible d'être conservé. S'il est absolu, il fait naître de nouveaux besoins ; s'il n'a lieu que pour une seule chose, tandis qu'on éprouve la disette d'une autre, cette nécessité donne l'idée des échanges : dès-lors, les relations morales se compliquent et se multiplient. Une sécurité plus grande, un loisir plus assuré et plus constant, permettent de se livrer à la méditation, ou du moins, à une observation suivie. L'usage s'introduit pour quelques individus, de donner une partie de leur superflu en échange d'un travail qui leur sert à s'en dispenser eux-mêmes. Il existe donc une classe d'hommes dont le temps n'est pas absorbé par un labeur corporel, et dont les désirs s'étendent au-delà de leurs simples besoins. L'industrie s'éveille ; les arts déjà connus s'étendent et se perfectionnent ; les faits que le hasard présente à l'observation de l'homme plus attentif et plus exercé, font éclore des arts nouveaux ; la population s'accroît à mesure que les moyens de vivre deviennent moins périlleux et moins précaires ; l'agriculture, qui peut nourrir un plus grand nombre d'individus sur le même terrain, remplace les autres sources de subsistance : elle favorise cette multiplication, qui, réciproquement, en accélère les progrès ; les idées acquises se communiquent plus promptement et se perpétuent plus sûrement dans une société devenue plus sédentaire, plus rapprochée, plus intime. Déjà l'aurore des sciences commence à paroître ; l'homme se montre séparé des autres espèces d'animaux, et ne semble plus borné comme eux à un perfectionnement purement individuel.

Les relations plus étendues, plus multipliées, plus compliquées, que les hommes forment alors entr'eux, leur font éprouver la nécessité d'avoir un moyen de communiquer leurs idées aux personnes absentes, de perpétuer la mémoire d'un fait avec plus de précision que par la tradition orale, de fixer les conditions d'une convention plus sûrement que par le souvenir des témoins, de constater, d'une manière moins sujette à des changemens, ces coutumes respectées, auxquelles les membres d'une même société sont convenus de soumettre leur conduite.

On sentit donc le besoin de l'écriture, et elle fut inventée. Il paroît qu'elle étoit d'abord une véritable peinture à laquelle succéda une peinture de convention, qui ne conserva que les traits caractéristiques des objets. Ensuite, par une espèce de métaphore analogue à celle qui déjà s'étoit introduite dans le langage, l'image d'un objet physique exprima des idées morales. L'origine de ces signes, comme celle des mots, dut s'oublier à la longue; et l'écriture devint l'art d'attacher un signe conventionnel à chaque idée, à chaque mot, et par la suite, à chaque modification des idées et des mots.

Alors, on eut une langue écrite et une langue parlée, qu'il falloit également apprendre, entre lesquelles il falloit établir une correspondance réciproque.

Des hommes de génie, des bienfaiteurs éternels de l'humanité, dont le nom, dont la patrie même sont pour jamais ensevelis dans l'oubli, observèrent que tous les mots d'une langue n'étoient que les combinaisons d'une quantité très-limitée d'articulations premières ; que le nombre de celles-ci, quoique très-borné, suffisoit pour former un nombre presqu'infini de combinaisons diverses. Ils imaginèrent de désigner, par des signes visibles, non les idées ou les mots qui y répondent, mais ces élémens simples dont les mots sont composés.

Dès-lors, l'écriture alphabétique fut connue ; un petit nombre de signes suffit pour tout écrire, comme un petit nombre de sons suffisoit pour tout dire. La langue écrite fut la même que la langue parlée ; on n'eut besoin que de savoir reconnoître et former ces signes peu nombreux, et ce dernier pas assura pour jamais les progrès de l'espèce humaine.

Peut-être seroit-il utile aujourd'hui d'instituer une langue écrite qui, réservée uniquement pour les sciences, n'exprimant que ces combinaisons d'idées simples, qui se retrouvent exactement les mêmes dans tous les esprits, n'étant employée que pour des raisonnemens d'une rigueur logique, pour des opérations de l'entendement précises et calculées, fût entendue par les hommes de tous les pays, et se traduisît dans tous leurs idiômes, sans pouvoir s'altérer comme eux, en passant dans l'usage commun.

Alors, par une révolution singulière, ce même genre d'écriture, dont la conservation n'eût servi qu'à prolonger l'ignorance, deviendroit, entre les mains de la philosophie, un instrument utile à la prompte propagation des lumières, au perfectionnement de la méthode des sciences.

C'est entre ce degré de civilisation, et celui où nous voyons encore les peuplades sauvages, que se sont trouvés tous les peuples dont l'histoire s'est conservée jusqu'à nous, et qui, tantôt faisant de nouveaux progrès, tantôt se replongeant dans l'ignorance, tantôt se perpétuant au milieu de ces alternatives, ou s'arrêtant à un certain terme, tantôt disparoissant de la terre sous le fer des conquérans, se confondant avec les vainqueurs, ou subsistant dans l'esclavage, tantôt enfin, recevant des lumières d'un peuple plus éclairé, pour les transmettre à d'autres nations, forment une chaîne non interrompue entre le commencement des temps historiques et le siècle où nous vivons, entre les premières nations qui nous soient connues, et les peuples actuels de l'Europe.

On peut donc appercevoir déjà trois parties bien distinctes dans le tableau que je me suis proposé de tracer.

Dans la première, où les récits des voyageurs nous montrent l'état de l'espèce humaine chez les peuples les moins civilisés, nous sommes réduits à deviner par quels degrés l'homme isolé, ou plutôt borné à l'association nécessaire pour se reproduire, a pu acquérir ces premiers perfectionnemens dont le dernier terme est l'usage d'un langage articulé; nuance la plus marquée, et même la seule qui, avec quelques idées morales plus étendues, et un foible commencement d'ordre social, le fait alors différer des animaux vivant comme lui en société régulière et durable. Ainsi nous ne pouvons avoir ici d'autre guide que des observations sur le développement de nos facultés.

Ensuite, pour conduire l'homme au point où il exerce des arts, où déjà la lumière des sciences commence à l'éclairer, où le commerce unit les nations, où enfin l'écriture alphabétique est inventée, nous pouvons joindre à ce premier guide l'histoire des diverses sociétés qui ont été observées dans presque tous les degrés intermédiaires ; quoiqu'on ne puisse en suivre aucune dans tout l'espace qui sépare ces deux grandes époques de l'espèce humaine.

Ici le tableau commence à s'appuyer en grande partie sur la suite des faits que l'histoire nous a transmis : mais il est nécessaire de les choisir dans celle de différens peuples, de les rapprocher, de les combiner, pour en tirer l'histoire hypothétique d'un peuple unique, et former le tableau de ses progrès.

Depuis l'époque où l'écriture alphabétique a été connue dans la Grèce, l'histoire se lie à notre siècle, à l'état actuel de l'espèce humaine dans les pays les plus éclairés de l'Europe, par une suite non interrompue de faits et d'observations; et le tableau de la marche et des progrès de l'esprit humain est devenu véritablement historique. La philosophie n'a plus rien à deviner, n'a plus de combinaisons hypothétiques à former; il suffit de rassembler, d'ordonner les faits, et de montrer les vérités utiles qui naissent de leur enchaînement et de leur ensemble.

Il ne resteroit enfin qu'un dernier tableau à tracer, celui de nos espérances, des progrès qui sont réservés aux générations futures, et que la constance des lois de la nature semble leur assurer. Il faudroit y montrer par quels degrés ce qui nous paroîtroit aujourd'hui un espoir chimérique doit successivement devenir possible et même facile; pourquoi, malgré les succès passagers des préjugés, et l'appui qu'ils reçoivent de la corruption des gouvernemens ou des peuples, la vérité seule doit obtenir un triomphe durable; par quels liens la nature a indissolublement uni les progrès des lumières et ceux de la liberté, de la vertu, du respect pour les droits naturels de l'homme ; comment ces seuls biens réels, si souvent séparés qu'on les a crus même incompatibles, doivent au contraire devenir inséparables, dès l'instant où les lumières auront atteint un certain terme dans un plus grand nombre de nations à la fois ; et qu'elles auront pénétré la masse entière d'un grand peuple, dont la langue seroit universellement répandue, dont les relations commerciales embrasseroient toute l'étendue du globe. Cette réunion s'étant déjà opérée dans la classe entière des hommes éclairés, on ne compteroit plus dès-lors parmi eux que des amis de l'humanité, occupés de concert d'en accélérer le perfectionnement et le bonheur.

Nous exposerons l'origine, nous tracerons l'histoire des erreurs générales, qui ont plus ou moins retardé ou suspendu la marche de la raison, qui souvent même, autant que les événemens politiques, ont fait rétrograder l'homme vers l'ignorance.

Les opérations de l'entendement qui nous conduisent à l'erreur ou qui nous y retiennent, depuis le paralogisme subtil, qui peut surprendre l'homme le plus éclairé, jusqu'aux rêves de la démence, n'appartiennent pas moins que la méthode de raisonner juste ou celle de découvrir la vérité, à la théorie du développement de nos facultés individuelles : et, par la même raison, la manière dont les erreurs générales s'introduisent parmi les peuples, s'y propagent, s'y transmettent, s'y perpétuent, fait partie du tableau historique des progrès de l'esprit humain. Comme les vérités qui le perfectionnent et qui l'éclairent, elles sont la suite nécessaire de son activité, de cette disproportion toujours existante entre ce qu'il connoît, ce qu'il a le désir et ce qu'il croit avoir besoin de connoître.

On peut même observer que, d'après les lois générales du développement de nos facultés, certains préjugés ont dû naître à chaque époque de nos progrès, mais pour étendre bien au-delà leur séduction ou leur empire; parce que les hommes conservent encore les erreurs de leur enfance, celles de leur pays et de leur siècle, long-temps après avoir reconnu toutes les vérités nécessaires pour les détruire.

ENFIN,

Enfin, dans tous les pays, dans tous les temps, il est des préjugés différens, suivant le degré d'instruction des diverses classes d'hommes, comme suivant leurs professions. Si ceux des philosophes nuisent aux nouveaux progrès de la vérité, ceux des classes moins éclairées retardent la propagation des vérités déjà connues; ceux de certaines professions accréditées ou puissantes y opposent des obstacles : ce sont trois genres d'ennemis que la raison est obligée de combattre sans cesse, et dont elle ne triomphe souvent qu'après une lutte longue et pénible. L'histoire de ces combats, celle de la naissance, du triomphe et de la chute des préjugés, occupera donc une grande place dans cet ouvrage, et n'en sera pas la partie la moins importante ou la moins utile.

S'il existe une science de prévoir les progrès de l'espèce humaine, de les diriger, de les accélérer, l'histoire de ceux qu'elle a faits en doit être la base première. La philosophie a dû proscrire sans doute cette superstition, qui croyoit presque ne pouvoir trouver des règles de conduite que dans l'histoire des siècles passés, et des vérités, que dans l'étude des opinions anciennes. Mais ne doit-elle pas comprendre dans la même proscription, le préjugé qui rejeteroit avec orgueil les leçons de l'expérience? Sans doute, la méditation seule peut, par d'heureuses combinaisons, nous conduire aux vérités générales de la science de l'homme. Mais, si l'observation des individus de l'espèce humaine est utile au métaphysicien, au moraliste, pourquoi celle des sociétés le leur seroit-elle moins? Pourquoi ne le seroit-elle pas au philosophe politique? S'il est utile d'observer les diverses sociétés qui existent en même temps, d'en étudier les rapports, pourquoi ne le seroit-il pas de les observer aussi dans la succession des temps? En supposant même que ces observations puissent être négligées dans la recherche des vérités spéculatives, doivent-elles l'être, lorsqu'il s'agit d'appliquer ces vérités à la pratique et de déduire de la science, l'art qui en doit être le résultat utile? Nos préjugés, les maux qui en sont la suite, n'ont-ils pas leur source dans les préjugés de nos ancêtres? Un des moyens les plus sûrs de nous détromper des uns, de prévenir les autres, n'est-il pas de nous en développer l'origine et les effets?

Sommes-nous au point où nous n'ayons plus à craindre, ni de nouvelles erreurs, ni le retour des anciennes; où aucune institution corruptrice ne puisse plus être présentée par l'hypocrisie, adoptée par l'ignorance ou par l'enthousiasme; où aucune combinaison vicieuse ne puisse plus faire le malheur d'une grande nation? Seroit-il donc inutile de savoir comment les peuples ont été trompés, corrompus, ou plongés dans la misère?

Tout nous dit que nous touchons à l'époque d'une des grandes révolutions de l'espèce humaine. Qui peut mieux nous éclairer sur ce que nous devons en attendre; qui peut nous offrir un guide plus sûr pour nous conduire au milieu de ses mouvemens, que le tableau des révolutions qui l'ont précédée et préparée? L'état actuel des lumières nous garantit qu'elle sera heureuse; mais aussi n'est-ce pas à condition que nous saurons nous servir de toutes nos forces? Et pour que le bonheur qu'elle promet soit moins chèrement acheté, pour qu'elle s'étende avec plus de rapidité dans un plus grand espace, pour qu'elle soit plus complète dans ses effets, n'avons-nous pas besoin d'étudier dans l'histoire de l'esprit humain quels obstacles nous restent à craindre, quels moyens nous avons de les surmonter ?

Je diviserai en neuf grandes époques l'espace que je me propose de parcourir ; et j'oserai, dans une dixième, hasarder quelques apperçus sur les destinées futures de l'espèce humaine.

Je me bornerai à présenter ici les principaux traits qui caractérisent chacune d'elles : je ne donnerai que les masses, sans m'arrêter ni aux exceptions ni aux détails. J'indiquerai les objets, les résultats dont l'ouvrage même offrira les développemens et les preuves.

PREMIERE ÉPOQUE.

Les hommes sont réunis en peuplades.

Aucune observation directe ne nous instruit sur ce qui a précédé cet état; et c'est seulement en examinant les facultés intellectuelles ou morales, et la constitution physique de l'homme, qu'on peut conjecturer comment il s'est élevé à ce premier degré de civilisation.

Des observations sur celles des qualités physiques qui peuvent favoriser la première formation de la société, une analyse sommaire du développement de nos facultés intellectuelles ou morales, doivent donc servir d'introduction au tableau de cette époque.

Une société de famille paroît naturelle à l'homme. Formée d'abord par le besoin que les enfans ont de leurs parens, par la tendresse des mères, par celle des pères, quoique moins générale et moins vive, la longue durée de ce besoin a donné le temps de naître et de se développer à un sentiment qui a dû inspirer le désir de perpétuer cette réunion. Cette même durée a suffi pour en faire sentir les avantages. Une famille placée sur un sol qui offroit une subsistance facile, a pu ensuite se multiplier et devenir une peuplade.

Les peuplades qui auroient pour origine la réunion de plusieurs familles séparées, ont dû se former plus tard et plus rarement, puisque la réunion dépend alors et de motifs moins pressans et de la combinaison d'un plus grand nombre de circonstances.

L'art de fabriquer des armes, de donner une préparation aux alimens, de se procurer les ustensiles nécessaires pour cette préparation, celui de conserver ces mêmes alimens pendant quelque temps, d'en faire des provisions pour les saisons où il étoit impossible de s'en procurer de nouveaux, ces arts, consacrés aux plus simples besoins, furent le premier fruit d'une réunion prolongée, et le premier caractère qui distingua la société humaine de celle que forment plusieurs espèces d'animaux.

Dans quelques unes de ces peuplades, les femmes cultivent autour des cabanes quelques plantes qui servent à la nourriture, et qui suppléent au produit de la chasse ou de la pêche. Dans d'autres, formées aux lieux où la terre offre spontanément une nourriture végétale, le soin de la chercher et de la recueillir occupe une partie du temps des sauvages. Dans ces dernières, où l'utilité de rester unis se fait moins sentir, on a pu observer la civilisation réduite presqu'à une simple société de famille. Cependant on a trouvé par tout l'usage d'une langue articulée.

Les relations plus fréquentes, plus durables avec les mêmes individus, l'identité de leurs intérêts, les secours mutuels qu'ils se donnoient, soit dans des chasses communes, soit pour résister à un ennemi, ont dû produire également et le sentiment de la justice et une affection mutuelle entre les membres de la société. Bientôt cette affection s'est transformée en attachement pour la société elle-même.

Une haine violente, un inextinguible

désir de vengeance contre les ennemis de la peuplade, en devenoient la conséquence nécessaire.

Le besoin d'un chef, afin de pouvoir agir en commun, soit pour se défendre, soit pour se procurer avec moins de peine une subsistance plus assurée et plus abondante, introduisit dans ces sociétés les premières idées d'une autorité publique. Dans les circonstances où la peuplade entière étoit intéressée, où elle devoit prendre une résolution commune, tous ceux qui avoient à l'exécuter devoient être consultés. La foiblesse des femmes, qui les excluoit des chasses éloignées et de la guerre, objets ordinaires de ces délibérations, les en fit éloigner également. Comme ces résolutions exigeoient de l'expérience, on n'y admettoit que ceux à qui l'on pouvoit en supposer. Les querelles qui s'élevoient dans le sein d'une même société en troubloient l'harmonie ; elles auroient pu la détruire : il étoit naturel de convenir que la décision en seroit remise à ceux qui, par leur âge, par leurs qualités personnelles, inspiroient le plus de confiance. Telle fut l'origine des premières institutions politiques.

La formation d'une langue a dû précéder ces institutions. L'idée d'exprimer les objets par des signes conventionnels paroît au-dessus de ce qu'étoit l'intelligence humaine dans cet état de civilisation ; mais il est vraisemblable que ces signes n'ont été introduits dans l'usage qu'à force de temps, par degrés, et d'une manière en quelque sorte imperceptible.

L'invention de l'arc avoit été l'ouvrage d'un homme de génie : la formation d'une langue fut celui de la société entière. Ces deux genres de progrès appartiennent également à l'espèce humaine. L'un, plus rapide, est le fruit des combinaisons nouvelles, que les hommes favorisés de la nature ont le pouvoir de former ; il est le prix de leurs méditations et de leurs efforts : l'autre, plus lent, naît des réflexions, des observations qui s'offrent à tous les hommes, et même des habitudes qu'ils contractent dans le cours de leur vie commune.

Les mouvemens mesurés et réguliers s'exécutent avec moins de fatigue. Ceux qui les voient ou les entendent en saisissent l'ordre ou les rapports avec plus de facilité. Ils sont donc, par cette double raison, une source de plaisir. Aussi l'origine de la danse, de la musique, de la poésie, remonte-t-elle à la première enfance de la société. La danse y est employée pour l'amusement de la jeunesse, et dans les fêtes publiques. On y trouve des chansons d'amour et des chants de guerre : on y sait même fabriquer quelques instrumens de musique. L'art de l'éloquence n'est pas absolument inconnu dans ces peuplades : du moins on y sait prendre dans les discours d'appareil un ton plus grave et plus solemnel; et même alors l'exagération oratoire ne leur est point étrangère.

La vengeance et la cruauté à l'égard des ennemis érigée en vertu, l'opinion qui condamne les femmes à une sorte d'esclavage, le droit de commander à la guerre regardé comme la prérogative d'une famille, enfin les premières idées des diverses espèces de superstitions, telles sont les erreurs qui distinguent cette époque, et dont il faudra rechercher l'origine et développer les motifs. Car l'homme n'adopte pas sans raison l'erreur, que sa première éducation ne lui a pas rendue en quelque sorte naturelle : s'il en reçoit une nouvelle, c'est qu'elle est liée à des erreurs de l'enfance, c'est que ses intérêts, ses passions, ses opinions, ou les événemens l'ont disposé à la recevoir.

Quelques connoissances grossières d'astronomie, celle de quelques plantes médicinales, employées pour guérir les maladies ou les blessures, sont les seules sciences des sauvages ; et déjà elles sont corrompues par un mélange de superstition.

Mais cette même époque nous présente encore un fait important dans l'histoire de l'esprit humain. On peut y observer les premières traces d'une institution, qui a eu sur sa marche des influences opposées, accélérant le progrès des lumières, en même temps qu'elle répandoit l'erreur ; enrichissant les sciences de vérités nouvelles, mais précipitant le peuple dans l'ignorance et dans la servitude religieuse, et faisant acheter quelques bienfaits passagers par une longue et honteuse tyrannie.

J'entends ici la formation d'une classe

d'hommes dépositaires des principes des sciences ou des procédés des arts, des mystères ou des cérémonies de la religion, des pratiques de la superstition, souvent même des secrets de la législation et de la politique. J'entends cette séparation de l'espèce humaine en deux portions; l'une destinée à enseigner, l'autre faite pour croire; l'une cachant orgueilleusement ce qu'elle se vante de savoir, l'autre recevant avec respect ce qu'on daigne lui révéler; l'une voulant s'élever au-dessus de la raison, et l'autre renonçant humblement à la sienne, et se rabaissant au-dessous de l'humanité, en reconnoissant dans d'autres hommes des prérogatives supérieures à leur commune nature.

Cette distinction, dont, à la fin du dix-huitième siècle, nos prêtres nous offrent encore les restes, se trouve chez les sauvages les moins civilisés, qui ont déjà leurs charlatans et leurs sorciers. Elle est trop générale, on la rencontre trop constamment à toutes les époques de la civilisation, pour qu'elle n'ait pas un fondement dans la nature même : aussi trouverons-nous dans ce qu'étoient les facultés de l'homme à ces premiers temps des sociétés, la cause de la crédulité des premières dupes, comme celle de la grossière habileté des premiers imposteurs.

DEUXIEME ÉPOQUE.

LES PEUPLES PASTEURS.

Passage de cet état à celui des peuples agriculteurs.

L'idée de conserver les animaux pris à la chasse dut se présenter aisément, lorsque la douceur de ces animaux en rendoit la garde facile, que le terrain des habitations leur fournissoit une nourriture abondante, que la famille avoit du superflu, et qu'elle pouvoit craindre d'être réduite à la disette par le mauvais succès d'une autre chasse, ou par l'intempérie des saisons.

Après avoir gardé ces animaux comme une simple provision, l'on observa qu'ils pouvoient se multiplier, et offrir par-là une ressource plus durable. Leur lait en présentoit une nouvelle; et ces produits d'un troupeau qui, d'abord, n'étoient qu'un supplément à celui de la chasse, devinrent un moyen de subsistance plus assuré, plus abondant, moins pénible. La chasse cessa donc d'être le premier, et ensuite, d'être même comptée au nombre de ces moyens ; elle ne fut plus conservée que comme un plaisir, comme une précaution nécessaire pour éloigner les bêtes féroces des troupeaux qui, étant devenus plus nombreux, ne pouvoient plus trouver une nourriture suffisante autour des habitations.

Une vie plus sédentaire, moins fatigante, offroit un loisir favorable au développement de l'esprit humain. Assurés de leur subsistance, n'étant plus inquiets pour leurs premiers besoins, les hommes cherchèrent des sensations nouvelles dans les moyens d'y pourvoir.

Les arts firent quelques progrès ; on acquit quelques lumières sur celui de nourrir les animaux domestiques, d'en favoriser la reproduction, et même d'en perfectionner les espèces.

On apprit à employer la laine pour les vêtemens, à substituer l'usage des tissus à celui des peaux.

La société dans les familles devint plus douce, sans devenir moins intime. Comme les troupeaux de chacune d'elles ne pouvoient se multiplier avec égalité, il s'établit une différence de richesse. Alors, on imagina de partager le produit de ses troupeaux avec un homme qui n'en avoit pas, et qui devoit consacrer son temps et ses forces aux soins qu'ils exigent. Alors, on vit que le travail d'un individu jeune, bien constitué, valoit plus que ne coûtoit sa subsistance rigoureusement nécessaire ; et l'on prit l'habitude de garder les prisonniers de guerre pour esclaves, au lieu de les égorger.

L'HOSPITALITÉ, qui se pratique aussi chez les sauvages, prend chez les peuples pasteurs un caractère plus prononcé, plus solemnel, même parmi ceux qui errent dans des chariots ou sous des tentes. Il s'offre de plus fréquentes occasions de l'exercer réciproquement d'individu à individu, de famille à famille, de peuple à peuple. Cet acte d'humanité devient un devoir social, et on l'assujettit à des règles.

ENFIN, comme certaines familles avoient
non-seulement

non - seulement une subsistance assurée ; mais un superflu constant, et que d'autres hommes manquoient du nécessaire, la compassion naturelle pour leurs souffrances fit naître le sentiment et l'habitude de la bienfaisance.

Les mœurs durent s'adoucir ; l'esclavage des femmes eut moins de dureté, et celles des riches cessèrent d'être condamnées à des travaux pénibles.

Plus de variété dans les choses employées à satisfaire les divers besoins, dans les instrumens qui servoient à les préparer, plus d'inégalité dans leur distribution, durent multiplier les échanges, et produire un véritable commerce ; il ne put s'étendre sans faire sentir la nécessité d'une mesure commune, d'une espèce de monnoie.

Les peuplades devinrent plus nombreuses : en même-temps, afin de nourrir plus facilement les troupeaux, les habitations se séparèrent davantage quand elles restèrent fixes : ou bien, elles se changèrent en campemens mobiles, quand les hommes eurent

C

appris à employer, pour porter ou traîner les fardeaux, quelques-unes des espèces d'animaux qu'ils avoient subjuguées.

Chaque nation eut un chef pour la guerre; mais s'étant divisée en plusieurs tribus, par la nécessité de s'assurer des pâturages, chaque tribu eut aussi le sien. Presque par-tout, cette supériorité fut attachée à certaines familles. Les chefs de famille qui avoient de nombreux troupeaux, beaucoup d'esclaves, qui employoient à leur service un grand nombre de citoyens plus pauvres, partagèrent l'autorité des chefs de leur tribu, comme ceux-ci partageoient celle des chefs de nation; du moins, lorsque le respect dû à l'âge, à l'expérience, aux exploits, leur en donnoit le crédit : et c'est à cette époque de la société qu'il faut placer l'origine de l'esclavage et de l'inégalité de droits politiques entre les hommes parvenus à l'âge de la maturité.

Ce furent les conseils de chefs de famille ou de tribu qui, d'après la justice naturelle, ou d'après les usages reconnus, décidèrent les contestations, déjà plus nombreuses et plus compliquées. La tradition de ces jugemens, en attestant les usages, en les perpétuant, forma bientôt une espèce de jurisprudence plus régulière, plus constante, que d'ailleurs les progrès de la société avoient rendue nécessaire. L'idée de la propriété et de ses droits avoit acquis plus d'étendue et de précision. Le partage des successions, devenu plus important, avoit besoin d'être assujetti à des règles fixes. Les conventions plus fréquentes ne se bornoient plus à des objets aussi simples ; elles durent être soumises à des formes ; la manière d'en constater l'existence, pour en assurer l'exécution, eut aussi ses lois.

L'UTILITÉ de l'observation des étoiles, l'occupation qu'elles offroient pendant de longues veilles, le loisir dont jouissoient les bergers, durent amener quelques foibles progrès dans l'astronomie.

MAIS en même temps on vit se perfectionner l'art de tromper les hommes pour les dépouiller, et d'usurper sur leurs opinions une autorité fondée sur des craintes et des espérances chimériques. Il s'établit des cultes plus réguliers, des systêmes de croyance moins grossièrement combinés. Les idées des puissances surnaturelles se raffinèrent en quelque sorte : et à côté de ces opinions, on vit s'établir ici des princes pontifes, là des familles ou des tribus sacerdotales, ailleurs des colléges de prêtres ; mais toujours une classe d'individus affectant d'insolentes prérogatives, se séparant des hommes pour les mieux asservir, et cherchant à s'emparer exclusivement de la médecine, de l'astronomie, pour réunir tous les moyens de subjuguer les esprits, pour ne leur en laisser aucun de démasquer son hypocrisie et de briser ses fers.

Les langues s'enrichirent sans devenir moins figurées ou moins hardies. Les images qu'elles employoient furent plus variées et plus douces : on les prit dans la vie pastorale, comme dans celle des forêts, dans les phénomènes réguliers de la nature, comme dans ses bouleversemens. Le chant, les instrumens, la poésie se perfectionnèrent dans un loisir qui les soumettoit à des auditeurs plus paisibles, et dès-lors plus difficiles, qui permettoit d'observer ses propres sentimens, de juger ses premières idées, et de choisir entre elles.

L'observation a dû faire remarquer que certaines plantes offroient aux troupeaux une subsistance meilleure ou plus abondante : on a senti l'utilité d'en favoriser la production, de les séparer des autres plantes qui ne donnoient qu'une nourriture foible, mal-saine, même dangereuse ; et l'on est parvenu à en trouver les moyens.

De même, dans les pays où des plantes, des graines, des fruits spontanément offerts par le sol, contribuoient, avec les produits des troupeaux, à la nourriture de l'homme, on a dû observer aussi comment ces végétaux se multiplioient ; et dès-lors chercher à les rassembler dans les terrains les plus voisins des habitations ; à les séparer des végétaux inutiles, pour que ce terrain leur appartînt tout entier ; à les mettre à l'abri, des animaux sauvages, et des troupeaux, et même de la rapacité des autres hommes.

Ces idées ont dû naître encore, et même plutôt, dans les pays plus féconds, où ces productions spontanées de la terre suffisoient presque à la subsistance des hommes. Ils commencèrent donc à se livrer à l'agriculture.

Dans un pays fertile, dans un climat heureux, le même espace de terrain produit en grains, en fruits, en racines, de quoi nourrir beaucoup plus d'hommes que s'il étoit employé en pâturages. Ainsi, lorsque la nature du sol ne rendoit pas cette culture trop pénible, lorsqu'on eut découvert le moyen d'y employer les mêmes animaux qui servoient aux peuples pasteurs pour les voyages ou pour les transports, lorsque les instrumens aratoires eurent acquis quelque perfection, l'agriculture devint la source de subsistance la plus abondante, l'occupation première des peuples; et le genre humain atteignit sa troisième époque.

Quelques peuples sont restés, depuis un temps immémorial, dans un des deux états que nous venons de parcourir. Non-seulement, ils ne se sont pas élevés d'eux-mêmes à de nouveaux progrès, mais les relations qu'ils ont eues avec les peuples parvenus à un très-haut degré de civilisation, le commerce qu'ils ont ouvert avec eux, n'y ont pu produire cette révolution. Ces relations, ce commerce leur ont donné quelques connoissances, quelqu'industrie, et sur-tout beaucoup de vices, mais n'ont pu les tirer de cette espèce d'immobilité.

Le climat, les habitudes, les douceurs attachées à cette indépendance presqu'entière, qui ne peut se retrouver que dans une société plus perfectionnée même que les nôtres, l'attachement naturel de l'homme aux opinions reçues dès l'enfance, et aux usages de leur pays, l'aversion naturelle de l'ignorance pour toute espèce de nouveauté, la paresse de corps, et sur-tout celle d'esprit, qui l'emportoient sur la curiosité si foible encore, l'empire que la superstition exerçoit déjà sur ces premières sociétés, telles ont été les principales causes de ce phénomène ; mais il faut y joindre l'avidité, la cruauté, la corruption, les préjugés des peuples policés. Ils se montroient à ces nations, plus puissans, plus riches, plus instruits, plus actifs, mais plus vicieux, et sur-tout, moins heureux qu'elles. Elles ont dû souvent être moins frappées de la supériorité de ces peuples, qu'effrayées de la multiplicité et de l'étendue de leurs besoins, des tourmens de leur avarice, des éternelles agitations de leurs passions toujours actives, toujours insatiables. Quelques philosophes ont plaint ces nations ; d'autres les ont louées : ils ont appelé sagesse et vertu, ce que les premiers appeloient stupidité et paresse.

La question élevée entr'eux se trouvera résolue dans le cours de cet ouvrage. On y verra pourquoi les progrès de l'esprit n'ont pas toujours été suivis du progrès des sociétés vers le bonheur et la vertu, comment le mélange des préjugés et des erreurs a pu altérer le bien qui doit naître des lumières, mais qui dépend plus encore de leur pureté que de leur étendue. Alors, on verra que ce passage orageux et pénible d'une société grossière à l'état de civilisation des peuples éclairés et libres, n'est point une dégénération de l'espèce humaine, mais une crise nécessaire dans sa marche graduelle vers son perfectionnement absolu. On verra que ce n'est pas l'accroissement des lumières, mais leur décadence, qui a produit les vices des peuples policés; et qu'enfin, loin de jamais corrompre les hommes, elles les ont adoucis, lorsqu'elles n'ont pu les corriger ou les changer.

TROISIEME EPOQUE.

Progrès des peuples agriculteurs, jusqu'à l'invention de l'écriture alphabétique.

L'UNIFORMITÉ du tableau que nous avons tracé jusqu'ici va bientôt disparoître. Ce ne sont plus de foibles nuances qui sépareront les mœurs, les caractères, les opinions, les superstitions de peuples attachés à leur sol, et perpétuant presque sans mélange une première famille.

Les invasions, les conquêtes, la formation des empires, leurs bouleversemens, vont bientôt mêler et confondre les nations, tantôt les disperser sur un nouveau territoire, tantôt couvrir à la fois un même sol de peuples différens.

Le hazard des événemens viendra troubler sans cesse la marche lente, mais régulière de la nature, la retarder souvent, l'accélérer quelquefois.

Le phénomène qu'on observe chez une nation, dans un tel siècle, a souvent pour cause une révolution opérée à mille lieues et à dix siècles de distance ; et la nuit du temps a couvert une grande partie de ces événemens, dont nous voyons les influences s'exercer sur les hommes qui nous ont précédés, et quelquefois s'étendre sur nous-même.

Mais il faut considérer d'abord les effets de ce changement dans une seule nation, et indépendamment de l'influence que les conquêtes et le mélange des peuples ont pu exercer.

L'agriculture attache l'homme au sol qu'il cultive. Ce n'est plus sa personne, sa famille, ses instrumens de chasse, qu'il lui suffiroit de transporter ; ce ne sont plus même ses troupeaux qu'il auroit pu chasser devant lui. Des terrains qui n'appartiennent à personne ne lui offriroient plus de subsistances dans sa fuite, ou pour lui-même, ou pour les animaux qui lui fournissent sa nourriture.

Chaque terrain a un maître à qui seul les fruits en appartiennent. La récolte s'élevant au-dessus des dépenses nécessaires pour l'obtenir, de la subsistance et de l'entretien des hommes et des animaux qui l'ont préparée, offre à ce propriétaire une richesse annuelle, qu'il n'est obligé d'acheter par aucun travail.

Dans les deux premiers états de la société, tous les individus, toutes les familles du moins, exerçoient à-peu-près tous les arts nécessaires.

Mais, lorsqu'il y eut des hommes qui, sans travail, vécurent du produit de leur terre, et d'autres des salaires que leur payoient les premiers, quand les travaux se furent multipliés, quand les procédés des arts furent devenus plus étendus et plus compliqués, l'intérêt commun força bientôt à les diviser. On s'apperçut que l'industrie d'un individu se perfectionnoit davantage, lorsqu'elle s'exerçoit sur moins d'objets; que la main exécutoit avec plus de promptitude et de précision un plus petit nombre de mouvemens, quand une longue habitude les lui avoit rendus plus familiers ; qu'il falloit moins d'intelligence pour bien faire un ouvrage, quand on l'avoit plus souvent répété.

Ainsi, tandis qu'une partie des hommes se livroit aux travaux de la culture, d'autres en préparoient les instrumens. La garde des bestiaux, l'économie intérieure, la fabrication des habits, devinrent également des occupations séparées. Comme, dans les familles qui n'avoient qu'une propriété peu étendue, un seul de ces emplois ne suffisoit pas pour occuper tout le temps d'un individu, plusieurs d'entre elles se partagèrent le travail et le salaire d'un seul homme. Bientôt les substances employées dans les arts se multipliant, et leur nature exigeant des procédés différens, celles qui en demandoient d'analogues formèrent des genres séparés, à chacun desquels s'attacha une classe particulière d'ouvriers. Le commerce s'étendit, embrassa un plus grand nombre d'objets, et les tira d'un plus grand territoire ; et alors il se forma une autre classe d'hommes uniquement occupée d'acheter des denrées, pour les conserver, les transporter, les revendre avec profit.

Ainsi aux trois classes qu'on pouvoit distinguer déjà dans la vie pastorale, celle des propriétaires, celle des domestiques attachés à la famille des premiers, enfin celle des esclaves, il faut maintenant ajouter celle des ouvriers de toute espèce et celle des marchands.

C'est alors que, dans une société plus fixe, plus rapprochée et plus compliquée, on a senti la nécessité d'une législation plus régulière et plus étendue; qu'il a fallu déterminer avec une précision plus rigoureuse, soit des peines pour les crimes, soit des formes pour les conventions; soumettre à des règles plus sévères les moyens de vérifier les faits, auxquels on devoit appliquer la loi.

Ces progrès furent l'ouvrage lent et graduel du besoin et des circonstances: ce sont quelques pas de plus dans la route, que déjà l'on avoit suivie chez les peuples pasteurs.

Dans les premières époques, l'éducation fut purement domestique. Les enfans s'instruisoient auprès de leur père, soit dans les travaux communs, soit dans les arts qu'il savoit exercer, recevoient de lui le petit nombre de traditions qui formoient l'histoire de la peuplade ou celle de la famille, les fables qui s'y étoient perpétuées, la connoissance des usages nationaux, et celle des principes ou des préjugés qui devoient composer leur morale grossière.

Ils se formoient dans la société de leurs amis au chant, à la danse, aux exercices militaires. A l'époque où nous sommes parvenus, les enfans des familles plus riches reçurent une sorte d'éducation commune, soit dans les villes par la conversation des vieillards, soit dans la maison d'un chef auquel ils s'attachoient. C'est là qu'ils s'instruisoient des lois du pays, de ses usages, de ses préjugés, et qu'ils apprenoient à chanter les poèmes dans lesquels on en avoit renfermé l'histoire.

L'habitude d'une vie plus sédentaire avoit établi entre les deux sexes une plus grande égalité. Les femmes ne furent plus considérées comme un simple objet d'utilité, comme des esclaves seulement plus rapprochées du maître. L'homme y vit des compagnes, et apprit enfin ce qu'elles pouvoient pour son bonheur. Cependant, même dans les pays où elles furent le plus respectées, où la polygamie fut proscrite, ni la raison ni la justice n'allèrent jusqu'à une entière réciprocité dans les devoirs ou dans le droit de se séparer, jusqu'à l'égalité dans les peines portées contre l'infidélité.

L'HISTOIRE de cette classe de préjugés et de leur influence sur le sort de l'espèce humaine, doit entrer dans le tableau que je me suis proposé de tracer ; et rien ne servira mieux à montrer jusqu'à quel point son bonheur est attaché aux progrès de la raison.

QUELQUES nations restèrent dispersées dans les campagnes. D'autres se réunirent dans des villes, qui devinrent la résidence du chef commun, désigné par un nom correspondant au mot de *Roi ;* celle des chefs de tribu qui partageoient son pouvoir, et

des

des anciens de chaque grande famille. C'est là que se décidoient les affaires communes de la société, que se jugeoient les affaires particulières. C'est là qu'on rassembloit ses richesses les plus précieuses, pour les soustraire aux brigands qui durent se multiplier en même-temps que ces richesses sédentaires. Lorsque les nations restèrent dispersées sur leur territoire, l'usage détermina un lieu et une époque pour les réunions des chefs, pour les délibérations sur les intérêts communs, pour les tribunaux qui prononçoient les jugemens.

Les nations qui se reconnoissoient une origine commune, qui parloient la même langue, sans renoncer à se faire la guerre entre elles, formèrent presque toujours une fédération plus ou moins intime, convinrent de se réunir, soit contre des ennemis étrangers, soit pour venger mutuellement leurs injures, soit pour remplir en commun quelque devoir religieux.

L'hospitalité et le commerce produisirent même quelques relations constantes, entre des nations différentes par leur origine, leurs coutumes et leur langage : relations que le brigandage et la guerre interrompoient souvent, mais que renouoit ensuite la nécessité, plus forte que l'amour du pillage et la soif de la vengeance.

ÉGORGER les vaincus, les dépouiller et les réduire à l'esclavage, ne formèrent plus le seul droit reconnu entre les nations ennemies. Des cessions de territoire, des rançons, des tributs, prirent en partie la place de ces violences barbares.

A cette époque, tout homme qui possédoit des armes étoit soldat ; celui qui en avoit de meilleures, qui avoit pu s'exercer davantage à les manier, qui pouvoit en fournir à d'autres, à condition qu'ils le suivroient à la guerre, qui, par les provisions qu'il avoit rassemblées, se trouvoit en état de subvenir à leurs besoins, devenoit nécessairement un chef : mais cette obéissance presque volontaire n'entraînoit pas une dépendance servile.

COMME rarement on avoit besoin de faire des lois nouvelles, comme il n'étoit pas de dépenses publiques auxquelles les citoyens fussent forcés de contribuer, et que, si elles devenoient nécessaires, le bien des chefs ou les terres conservées en commun devoient les acquitter ; comme l'idée de gêner par des réglemens l'industrie et le commerce étoit inconnue ; comme la guerre offensive étoit décidée par le consentement général, ou faite uniquement par ceux que l'amour de la gloire et le goût du pillage y entraînoit volontairement ; l'homme se croyoit libre dans ces gouvernemens grossiers, malgré l'hérédité presque générale des premiers chefs ou des rois, et la prérogative, usurpée par d'autres chefs inférieurs, de partager seuls l'autorité politique et d'exercer les fonctions du gouvernement, comme celles de la magistrature.

Mais souvent un roi se livroit à des vengeances personnelles, à des actes arbitraires de violence ; souvent, dans ces familles privilégiées, l'orgueil, la haine héréditaire, les fureurs de l'amour et la soif de l'or, multiplioient les crimes ; tandis que les chefs réunis dans les villes, instrumens des passions des rois, y excitoient les factions et les guerres civiles, opprimoient le peuple par des jugemens iniques, le tourmentoient par les crimes de leur ambition, comme par leurs brigandages.

Chez un grand nombre de nations, les excès de ces familles lassèrent la patience des peuples : elles furent anéanties, chassées, ou soumises à la loi commune ; rarement elles conservèrent leur titre avec une autorité limitée par la loi commune ; et l'on vit s'établir ce qu'on a depuis appelé des républiques.

Ailleurs ces rois entourés de satellites, parce qu'ils avoient des armes et des trésors à leur distribuer, exercèrent une autorité absolue : telle fut l'origine de la tyrannie.

Dans d'autres contrées, sur-tout dans celles où les petites nations ne se réunirent point dans des villes, les premières formes de ces constitutions grossières furent conservées, jusqu'au moment qui vit ces peuples, ou tomber sous le joug d'un conquérant, ou, entraînés eux-mêmes par l'esprit de brigandage, se répandre sur un territoire étranger.

Cette tyrannie, resserrée dans un trop petit espace, ne pouvoit avoir qu'une courte durée. Les peuples secouèrent bientôt ce joug imposé par la force seule, et que l'opinion même n'eût pu maintenir. Le monstre étoit vu de trop près, pour ne pas inspirer plus d'horreur que d'effroi : et la force comme l'opinion ne peuvent forger des chaînes durables, si les tyrans n'étendent pas leur empire à une distance assez grande, pour pouvoir cacher à la nation qu'ils oppriment, en la divisant, le secret de sa puissance et de leur foiblesse.

L'histoire des républiques appartient à l'époque suivante : mais celle qui nous occupe va nous présenter un spectacle nouveau.

Un peuple agriculteur, soumis à une nation étrangère, n'abandonne point ses foyers : la nécessité le contraint à travailler pour ses maîtres.

Tantôt la nation dominatrice se contente de laisser, sur le territoire conquis, des chefs pour le gouverner, des soldats pour le défendre, et sur-tout pour en contenir les habitans, et d'exiger de sujets soumis et désarmés un tribut en monnoie ou en denrées. Tantôt elle s'empare du territoire même, en distribue la propriété à ses soldats, à ses capitaines ; mais alors elle attache à chaque terre l'ancien colon qui la cultivoit, et le soumet à ce nouveau genre de servitude, réglé par des lois plus ou moins rigoureuses. Un service militaire, un tribut, sont, pour les individus du peuple conquérant, la condition attachée à la jouissance de ces terres.

D'autres fois, elle se réserve la propriété même du territoire, et n'en distribue que l'usufruit, en imposant les mêmes conditions. Presque toujours les circonstances font employer à la fois ces trois manières de récompenser les instrumens de la conquête, et de dépouiller les vaincus.

De-là, nous voyons naître de nouvelles classes d'hommes ; les descendans du peuple dominateur, et ceux du peuple opprimé ; une noblesse héréditaire, qu'il ne faut pas confondre avec le patriciat des républiques ; un peuple condamné aux travaux, à la dépendance, à l'humiliation, sans l'être à l'esclavage ; enfin, des esclaves de la glèbe, distingués des esclaves domestiques, et dont la servitude moins arbitraire peut opposer la loi aux caprices de leurs maîtres.

C'est encore ici que l'on peut observer l'origine de la féodalité, qui n'a pas été un fléau particulier à nos climats, mais qu'on a retrouvé presque sur tout le globe aux mêmes époques de la civilisation, et toutes les fois qu'un même territoire a été occupé par deux peuples, entre lesquels la victoire avoit établi une inégalité héréditaire.

Le despotisme, enfin, fut encore le fruit de la conquête. J'entends ici par despotisme, pour le distinguer des tyrannies passagères, l'oppression d'un peuple par un seul homme, qui le domine par l'opinion, par l'habitude, sur-tout par une force militaire, sur les individus de laquelle il exerce lui-même une autorité arbitraire, mais dont il est forcé de respecter les préjugés, de flatter les caprices, de caresser l'avidité et l'orgueil.

Immédiatement entouré d'une portion nombreuse et choisie de cette force armée, formée de la nation conquérante ou étrangère à la masse des sujets; environné des chefs les plus puissans de la milice; retenant les provinces par des généraux, qui ont à leurs ordres des portions plus foibles de cette même armée, il règne par la terreur : et personne dans ce peuple abattu, ou parmi ces chefs dispersés, et rivaux l'un de l'autre, ne conçoit la possibilité de lui opposer des forces, que celles dont il dispose ne puissent écraser à l'instant.

Un soulèvement de la garde, une sédition de la capitale peuvent être funestes au despote, mais sans affoiblir le despotisme. Le général d'une armée victorieuse peut, en détruisant une famille consacrée par le préjugé, fonder une dynastie nouvelle; mais c'est pour exercer la même tyrannie.

Dans cette troisième époque, les peuples qui n'ont encore éprouvé le malheur, ni d'être conquérans, ni d'être conquis, nous offrent ces vertus simples et fortes des nations agricoles, ces mœurs des temps héroïques, dont un mélange de grandeur et de férocité, de générosité et de barbarie, rend le tableau si attachant, et nous séduit encore au point de les admirer, et même de les regretter.

Le tableau de celles qu'on observe dans les empires fondés par les conquérans, nous présente au contraire toutes les nuances de l'avilissement et de la corruption, où le despotisme et la superstition peuvent amener l'espèce humaine. C'est là que l'on voit naître les tributs sur l'industrie et le commerce, les exactions qui font acheter le droit d'employer ses facultés à son gré, les lois qui gênent l'homme dans le choix de son travail et dans l'usage de sa propriété, celles qui attachent les enfans à la profession de leurs pères, les confiscations, les supplices atroces; en un mot, tout ce que le mépris pour l'espèce humaine a pu inventer d'actes arbitraires, de tyrannies légales et d'atrocités superstitieuses.

On peut remarquer que dans les peuplades qui n'ont point essuyé de grandes révolutions, les progrès de la civilisation se sont arrêtés à un terme très-peu élevé. Les hommes y éprouvoient cependant déjà ce besoin d'idées ou de sensations nouvelles, premier mobile des progrès de l'esprit humain, qui produit également le goût des superfluités du luxe, aiguillon de l'industrie, et la curiosité, perçant d'un œil avide le voile, dont la nature a caché ses secrets. Mais il est arrivé presque par tout que, pour échapper à ce besoin, les hommes ont cherché, ont adopté avec une sorte de fureur des moyens physiques de se procurer des sensations qui pussent se renouveler sans cesse : telle est l'habitude des liqueurs fermentées, des boissons chaudes, de l'opium, du tabac, du behtgel. Il est peu de peuples chez qui l'on n'observe une de ces habitudes, d'où naît un plaisir qui remplit les journées entières, ou se répète à toutes les heures, qui empêche de sentir le poids du temps, satisfait au besoin d'être occupé ou réveillé, finit par l'émousser, et prolonge pour l'esprit humain la durée de son enfance et de son inactivité : et ces mêmes habitudes, qui ont été un obstacle aux progrès des nations ignorantes ou asservies, s'opposent encore, dans les pays éclairés, à ce que la vérité répande dans toutes les classes une lumière égale et pure.

En exposant ce que furent les arts dans les deux premières époques de la société, on fera voir comment à ceux de travailler le bois, la pierre, ou les os d'animaux, d'en préparer les peaux, et de former des tissus, ces peuples primitifs purent joindre les arts plus difficiles de la teinture, de la poterie, et même les commencemens des travaux sur les métaux.

Les progrès de ces arts auroient été lents dans les nations isolées; mais les communications, même foibles, qui s'établirent entre elles, en accélérèrent la marche. Un procédé nouveau, découvert chez un peuple, devint commun à ses voisins. Les conquêtes, qui tant de fois ont détruit les arts, commencèrent par les répandre, et servirent à leur perfectionnement, avant de l'arrêter ou de contribuer à leur chute.

On voit plusieurs de ces arts portés au plus haut degré de perfection chez des peuples, où la longue influence de la superstition et du despotisme, a consommé la dégradation de toutes les facultés humaines. Mais, si l'on observe les prodiges de cette industrie servile, on n'y verra rien qui annonce les bienfaits du génie : tous les perfectionnemens y paroissent l'ouvrage lent et pénible d'une longue routine ; par-tout, à côté de cette industrie qui nous étonne, on apperçoit des traces d'ignorance et de stupidité, qui nous en décèlent l'origine.

Dans des sociétés sédentaires et paisibles, l'astronomie, la médecine, les notions les plus simples de l'anatomie, la connoissance des minéraux et des plantes, les premiers élémens de l'étude des phénomènes de la nature, se perfectionnèrent, ou plutôt s'étendirent par le seul effet du temps, qui, multipliant les observations, conduisoit, d'une manière lente, mais sûre, à saisir facilement et presque au premier coup d'œil quelques-unes des conséquences générales, auxquelles ces observations devoient conduire.

Cependant ces progrès furent très-foibles ; et les sciences seroient restées plus long-temps dans leur première enfance, si certaines familles, si sur-tout des castes particulières n'en avoient fait le premier fondement de leur gloire ou de leur puissance.

On avoit déjà pu joindre l'observation de l'homme et des sociétés à celle de la nature. Déjà un petit nombre de maximes de morale pratique et de politique, se transmettoient de générations en générations : ces castes s'en emparèrent ; les idées religieuses, les préjugés, les superstitions accrurent encore leur domaine. Elles succédèrent aux premières associations, aux premières familles des charlatans et des sorciers : mais elles employèrent plus d'art pour séduire des esprits moins grossiers. Leurs connoissances réelles, l'austérité apparente de leur vie, un mépris hypocrite pour ce qui est l'objet des désirs des hommes vulgaires, donnèrent de l'autorité à leurs prestiges, tandis que ces mêmes prestiges consacroient, aux yeux du peuple, et ces foibles connoissances et ces hypocrites vertus. Les membres de ces sociétés suivirent d'abord, avec une ardeur presque égale, deux objets bien différens ; l'un d'acquérir pour eux-mêmes de nouvelles connoissances ; l'autre, d'employer celles qu'ils avoient à tromper le peuple, à dominer les esprits.

Leurs sages s'occupèrent sur-tout de l'astronomie : et, autant qu'on en peut juger par les restes épars des monumens de leurs travaux, il paroît qu'ils atteignirent le point le plus haut où l'on puisse s'élever, sans le secours des lunettes, sans l'appui des théories mathématiques supérieures aux premiers élémens.

En effet, à l'aide d'une longue suite d'observations, on peut parvenir à une connoissance des mouvemens des astres assez précise, pour mettre en état de calculer et de prédire les phénomènes célestes. Ces lois empyriques, d'autant plus faciles à trouver que les observations s'étendent sur un plus long espace de temps, n'ont point conduit ces premiers astronomes jusqu'à la découverte des lois générales du système du monde ; mais elles y suppléoient suffisamment pour tout ce qui pouvoit intéresser les besoins de l'homme, ou sa curiosité, et servir à augmenter le crédit de ces usurpateurs du droit exclusif de l'instruire.

Il paroît qu'on leur doit l'idée ingénieuse des échelles arithmétiques, de ce moyen heureux de représenter tous les nombres avec un petit nombre de signes, et d'exécuter par des opérations techniques très-simples, des calculs auxquels l'intelligence humaine, livrée à elle-même, ne pourroit atteindre. C'est là le premier exemple de ces méthodes qui doublent ses forces, et à l'aide desquelles elle peut reculer indéfiniment ses limites, sans qu'on puisse fixer un terme où il lui soit interdit d'atteindre.

Mais on ne voit pas qu'ils ayent étendu la science de l'arithmétique au-delà de ses premières opérations.

Leur géométrie renfermant ce qui étoit nécessaire à l'arpentage, à la pratique de l'astronomie, s'est arrêtée à cette proposition célèbre que Pythagore transporta en Grèce, ou découvrit de nouveau.

Ils abandonnèrent la mécanique des machines à ceux qui devoient les employer. Cependant quelques récits mêlés de fables, semblent annoncer que cette partie des sciences a été cultivée par eux-mêmes, comme un des moyens de frapper les esprits par des prodiges.

Les lois du mouvement, la mécanique rationnelle, ne fixèrent point leurs regards.

S'ils étudièrent la médecine et la chirurgie, sur-tout celle qui a pour objet le traitement des blessures, ils négligèrent l'anatomie.

Leurs connoissances en botanique, en histoire naturelle, se bornèrent aux substances employées comme remèdes, à quelques plantes, à quelques minéraux, dont les propriétés singulières pouvoient servir leurs projets.

Leur chimie, réduite à de simples procédés sans théorie, sans méthode, sans analyse, n'étoit que l'art de faire certaines préparations, la connoissance de quelques secrets, soit pour la médecine, soit pour les arts, ou de quelques prestiges propres à éblouir les yeux d'une multitude ignorante, soumise à des chefs non moins ignorans qu'elle.

Les progrès des sciences n'étoient pour eux qu'un but secondaire, qu'un moyen de perpétuer ou d'étendre leur pouvoir. Ils ne cherchoient la vérité que pour répandre des erreurs; et il ne faut pas s'étonner qu'ils l'ayent si rarement trouvée.

Cependant ces progrès, quelque lents, quelque foibles qu'ils soient, auroient été impossibles, si ces mêmes hommes n'avoient connu l'art de l'écriture, seul moyen d'assurer les traditions, de les fixer, de communiquer et de transmettre les connoissances, dès qu'elles commencent à se multiplier.

Ainsi l'écriture hiéroglyphique, ou fut une de leurs premières inventions, ou avoit été découverte avant la formation des castes enseignantes.

Comme leur but n'étoit pas d'éclairer, mais de dominer, non-seulement ils ne communiquoient pas au peuple toutes leurs connoissances, mais ils corrompoient par des erreurs celles qu'ils vouloient bien lui révéler; ils lui enseignoient non ce qu'ils croyoient vrai, mais ce qui leur étoit utile.

Ils ne lui montroient rien, sans y mêler je ne sais quoi de surnaturel, de sacré, de céleste, qui tendît à les faire regarder comme supérieurs à l'humanité, comme revêtus d'un caractère divin, comme ayant reçu du ciel même des connoissances interdites au reste des hommes.

Ils eurent donc deux doctrines, l'une pour eux seuls, l'autre pour le peuple : souvent même, comme ils se partageoient en plusieurs ordres, chacun d'eux se réserva quelques mystères. Tous les ordres inférieurs étoient à la fois fripons et dupes ; et le système d'hypocrisie ne se développoit en entier qu'aux yeux de quelques adeptes.

Rien ne favorisa plus l'établissement de cette double doctrine, que les changemens dans les langues, qui furent l'ouvrage du temps, de la communication et du mélange des peuples. Les hommes à double doctrine, en conservant pour eux l'ancienne langue, ou celle d'un autre peuple, s'assurèrent aussi l'avantage de posséder un langage entendu par eux seuls.

La première écriture qui désignoit les

choses par une peinture plus ou moins exacte, soit de la chose même, soit d'un objet analogue, faisant place à une écriture plus simple, où la ressemblance de ces objets étoit presque effacée, où l'on n'employoit que des signes déjà en quelque sorte de pure convention, la doctrine secrète eut son écriture, comme elle avoit déjà son langage.

Dans l'origine des langues, presque chaque mot est une métaphore, et chaque phrase une allégorie. L'esprit saisit à la fois le sens figuré et le sens propre; le mot offre, en même temps que l'idée, l'image analogue, par laquelle on l'avoit exprimée. Mais par l'habitude d'employer un mot dans un sens figuré, l'esprit finit par s'y arrêter uniquement, par faire abstraction du premier sens ; et ce sens, d'abord figuré, devient peu-à-peu le sens ordinaire et propre du même mot.

Les prêtres qui conservèrent le premier langage allégorique, l'employèrent avec le peuple qui ne pouvoit plus en saisir le véritable sens, et qui, accoutumé à prendre les mots dans une seule acception, devenue leur acception propre, entendoit je ne sais quelles fables absurdes, lorsque les mêmes expressions ne présentoient à l'esprit des prêtres qu'une vérité très-simple. Ils firent le même usage de leur écriture sacrée. Le peuple voyoit des hommes, des animaux, des monstres, où les prêtres avoient voulu représenter un phénomène astronomique, un des faits de l'histoire de l'année.

Ainsi, par exemple, les prêtres dans leurs méditations, s'étoient presque par-tout créé le système métaphysique d'un grand tout, immense, éternel, dont tous les êtres n'étoient que les parties, dont tous les changemens observés dans l'univers, n'étoient que les modifications diverses. Le ciel ne leur offroit que des groupes d'étoiles semés dans ces déserts immenses, que des planètes qui y décrivoient des mouvemens plus ou moins compliqués, et des phénomènes purement physiques, résultans des positions de ces astres divers. Ils imposoient des noms à ces groupes d'étoiles et à ces planètes, aux cercles mobiles ou fixes imaginés pour en représenter les positions et la marche apparente, pour en expliquer les phénomènes.

Mais leur langage, leurs monumens, en exprimant pour eux ces opinions métaphysiques, ces vérités naturelles, étoient aux yeux du peuple le système de la plus extravagante mythologie, devenoient pour lui le fondement des croyances les plus absurdes, des cultes les plus insensés, des pratiques les plus honteuses ou les plus barbares.

Telle est l'origine de presque toutes les religions connues, qu'ensuite l'hypocrisie ou l'extravagance de leurs inventeurs et de leurs prosélytes ont chargées de fables nouvelles..

Ces castes s'emparèrent de l'éducation, pour façonner l'homme à supporter plus patiemment des chaînes identifiées pour ainsi dire avec son existence, pour écarter de lui jusqu'à la possibilité du désir de les briser. Mais, si l'on veut connoître jusqu'à quel point, même sans le secours des terreurs superstitieuses, ces institutions peuvent porter leur pouvoir destructeur des facultés humaines, c'est sur la Chine, qu'il faut un moment arrêter ses regards; sur ce peuple, qui semble n'avoir précédé les autres dans les sciences et les arts, que pour se voir successivement effacé par eux tous; ce peuple, que la connoissance de l'artillerie n'a point empêché d'être conquis par des nations barbares; où les sciences, dont les nombreuses écoles sont ouvertes à tous les citoyens, conduisent seules à toutes les dignités, et où cependant, soumises à d'absurdes préjugés, elles sont condamnées à une éternelle médiocrité; où enfin l'invention même de l'imprimerie est demeurée entièrement inutile aux progrès de l'esprit humain.

Des hommes, dont l'intérêt étoit de tromper, durent se dégoûter bientôt de la recherche de la vérité. Contens de la docilité des peuples, ils crurent n'avoir pas besoin de nouveaux moyens pour s'en garantir la durée. Peu-à-peu ils oublièrent eux-mêmes une partie des vérités cachées sous leurs allégories; ils ne gardèrent de leur ancienne science, que ce qui étoit rigoureusement nécessaire pour conserver la confiance de leurs disciples ; et ils finirent par être eux-mêmes la dupe de leurs propres fables.

Dès-lors tout progrès dans les sciences s'arrêta ; une partie même de ceux, dont les siècles antérieurs avoient été témoins, se perdit pour les générations suivantes ; et l'esprit humain, livré à l'ignorance et aux préjugés, fut condamné à une honteuse immobilité dans ces vastes empires, dont l'existence non interrompue a déshonoré depuis si long-temps l'Asie.

Les peuples qui les habitent sont les seuls, où l'on ait pu observer à la fois ce degré de civilisation et cette décadence. Ceux qui occupoient le reste du globe ont été arrêtés dans leurs progrès, et nous retracent encore les temps de l'enfance du genre humain, ou ont été entraînés par les événemens, à travers les dernières époques, dont il nous reste à tracer l'histoire.

A celle où nous sommes parvenus, ces mêmes peuples de l'Asie avoient inventé l'écriture alphabétique, qu'ils avoient substituée aux hiéroglyphes, après avoir vraisemblablement employé celle, où des signes conventionnels sont attachés à chaque idée, qui est la seule que les Chinois connoissent encore aujourd'hui.

L'HISTOIRE et le raisonnement peuvent nous éclairer sur la manière, dont a dû s'opérer le passage graduel des hiéroglyphes à cet art en quelque sorte intermédiaire : mais rien ne peut nous instruire avec quelque précision, ni sur le pays, ni sur le temps, où l'écriture alphabétique fut d'abord mise en usage.

CETTE découverte fut ensuite portée dans la Grèce ; chez ce peuple qui a exercé sur les progrès de l'espèce humaine une influence si puissante et si heureuse, dont le génie lui a ouvert toutes les routes de la vérité, que la nature avoit préparé, que le sort avoit destiné pour être le bienfaiteur et le guide de toutes les nations, de tous les âges : honneur que jusqu'ici, aucun autre peuple n'a partagé. Un seul a pu depuis concevoir l'espérance de présider à une révolution nouvelle dans les destinées du genre humain. La nature, la combinaison des événemens, semblent s'être accordés pour lui en réserver la gloire. Mais ne cherchons point à pénétrer ce qu'un avenir incertain nous cache encore.

QUATRIEME EPOQUE.

Progrès de l'esprit humain dans la Grèce, jusqu'au temps de la division des sciences, vers le siecle d'Alexandre.

Les Grecs, dégoûtés de ces rois, qui, se disant les enfans des Dieux, déshonoroient l'humanité par leurs fureurs et leurs crimes, s'étoient partagés en républiques, parmi lesquelles Lacédémone seule reconnoissoit des chefs héréditaires, mais contenus par l'autorité des autres magistratures, soumis aux lois, comme les citoyens, et affoiblis par le partage de la royauté entre les aînés des deux branches de la famille des Héraclides.

Les habitans de la Macédoine, de la Thessalie, de l'Epire, liés aux Grecs par une origine commune, par l'usage d'une même langue, et gouvernés par des princes foibles et divisés entre eux, ne pouvoient opprimer la Grèce, mais suffisoient pour la préserver au nord, des incursions des nations scythiques.

A l'Occident, l'Italie partagée en états isolés et peu étendus, ne pouvoit lui inspirer aucune crainte. Déjà même la Sicile presque entière, les plus beaux ports de la partie méridionale de l'Italie étoient occupés par des colonies grecques, qui, en conservant avec leurs métropoles des liens de fraternité, formoient néanmoins des républiques indépendantes. D'autres colonies s'étoient établies dans les îles de la mer Egée, et sur une partie des côtes de l'Asie-Mineure.

Ainsi la réunion de cette partie du continent asiatique au vaste empire de Cyrus, fut dans la suite le seul danger réel, qui pût menacer l'indépendance de la Grèce, et la liberté de ses habitans.

La tyrannie, quoique plus durable dans quelques colonies, et sur-tout dans celles, dont l'établissement avoit précédé la destruction des familles royales, ne pouvoit être considérée, que comme un fléau passager et partiel, qui faisoit le malheur des habitans de quelques villes, sans influer sur l'esprit général de la nation.

La Grèce avoit reçu des peuples de l'Orient leurs arts, une partie de leurs connoissances, l'usage de l'écriture alphabétique, et leur système religieux ; mais c'étoit par l'effet des communications établies entre elle et ces peuples, par des exilés, qui avoient cherché un asile dans la Grèce, par des Grecs voyageurs, qui avoient rapporté de l'Orient des lumières et des erreurs.

Les sciences ne pouvoient donc y être devenues l'occupation et le patrimoine d'une caste particulière. Les fonctions de leurs prêtres se bornèrent au culte des Dieux. Le génie pouvoit y déployer toutes ses forces, sans être assujetti à des observances pédantesques, au système d'hypocrisie d'un collége sacerdotal. Tous les hommes conservoient un droit égal à la connoissance de la vérité. Tous pouvoient chercher à la découvrir pour la communiquer à tous, et la leur communiquer toute entière.

Cette heureuse circonstance, plus encore que la liberté politique, laissoit à l'esprit humain, chez les Grecs, une indépendance, garant assuré de la rapidité et de l'étendue de ses progrès.

Cependant leurs sages, leurs savans, qui prirent bientôt après le nom plus modeste de philosophes ou d'amis de la science, de la sagesse, s'égarèrent dans l'immensité du plan trop vaste qu'ils avoient embrassé. Ils voulurent pénétrer la nature de l'homme et celle des Dieux, l'origine du monde et celle du genre humain. Ils essayèrent de réduire la nature entière à un seul principe, et les phénomènes de l'univers à une loi unique. Ils cherchèrent à renfermer dans une seule règle de conduite, et tous les devoirs de la morale, et le secret du véritable bonheur.

Ainsi, au lieu de découvrir des vérités, ils forgèrent des systèmes; ils négligèrent l'observation des faits, pour s'abandonner à leur imagination : et ne pouvant appuyer leurs opinions sur des preuves, ils essayèrent de les défendre par des subtilités.

Cependant ces mêmes hommes cultivoient avec succès la géométrie et l'astronomie. La Grèce leur dut les premiers élémens de ces sciences, et même quelques vérités nouvelles, ou du moins la connoissance de celles qu'ils avoient rapportées de l'Orient, non comme des croyances établies, mais comme des théories, dont ils connoissoient les principes et les preuves.

Au milieu de la nuit de ces systêmes, nous voyons même briller deux idées heureuses, qui reparoîtront encore dans des siècles plus éclairés.

Démocrite regardoit tous les phénomènes de l'univers, comme le résultat des combinaisons et du mouvement de corps simples, d'une figure déterminée et immuable, ayant reçu une impulsion première, d'où résulte une quantité d'action qui se modifie dans chaque atôme, mais qui dans la masse entière se conserve toujours la même.

Pythagore annonçoit que l'univers étoit gouverné par une harmonie, dont les propriétés des nombres devoient dévoiler les principes : c'est-à-dire, que tous les phénomènes étoient soumis à des lois générales et calculées.

On reconnoît aisément, dans ces deux idées, et les systêmes hardis de Descartes, et la philosophie de Newton.

Pythagore découvrit par ses méditations, ou reçut des prêtres, soit de l'Egypte, soit de l'Inde, la véritable disposition des corps célestes et le vrai systême du monde: il le fit connoître aux Grecs. Mais ce systême étoit trop contraire au témoignage des sens, trop opposé aux idées vulgaires, pour que les foibles preuves, sur lesquelles on pouvoit en établir la vérité, fussent capables d'entraîner les esprits. Il resta caché dans le sein de l'école pythagoricienne, et fut oublié avec elle, pour reparoître vers la fin du seizième siècle, appuyé de preuves plus certaines, qui ont alors triomphé et de la répugnance des sens et des préjugés de la superstition, plus puissans encore et plus dangereux.

Cette école pythagoricienne s'étoit répandue principalement dans la grande Grèce;

elle y formoit des législateurs et d'intrépides défenseurs des droits de l'humanité : elle succomba sous les efforts des tyrans. Un d'eux brûla les Pythagoriciens dans leur école ; et ce fut une raison suffisante sans doute, non pour abjurer la philosophie, non pour abandonner la cause des peuples, mais pour cesser de porter un nom devenu trop dangereux, et pour quitter des formes, qui n'auroient plus servi qu'à réveiller les fureurs des ennemis de la liberté et de la raison.

Une des premières bases de toute bonne philosophie, est de former pour chaque science une langue exacte et précise, où chaque signe représente une idée bien déterminée, bien circonscrite, et de parvenir à bien déterminer, à bien circonscrire les idées par une analyse rigoureuse.

Les Grecs au contraire, abusèrent des vices de la langue commune, pour jouer sur le sens des mots, pour embarrasser l'esprit dans de misérables équivoques, pour l'égarer, en exprimant successivement par un même signe des idées différentes. Cette subtilité

subtilité donnoit cependant de la finesse aux esprits, en même temps qu'elle épuisoit leur force contre de chimériques difficultés. Ainsi cette philosophie de mots, en remplissant des espaces où la raison humaine semble s'arrêter devant quelque obstacle supérieur à ses forces, ne sert point immédiatement à ses progrès; mais elle les prépare : et nous aurons encore occasion de répéter cette même observation.

C'étoit en s'attachant à des questions peut-être à jamais inaccessibles, en se laissant séduire par l'importance ou la grandeur des objets, sans songer si l'on auroit les moyens d'y atteindre; c'étoit en voulant établir les théories avant d'avoir rassemblé les faits, et construire l'univers quand on ne savoit pas même encore l'observer; c'étoit cette erreur alors bien excusable, qui, dès les premiers pas, avoit arrêté la marche de la philosophie. Aussi Socrate, en combattant les sophistes, en couvrant de ridicule leurs vaines subtilités, crioit-il aux Grecs de rappeler enfin sur la terre cette philosophie qui se perdoit dans le ciel : non qu'il dédaignât ni l'astronomie, ni la géométrie, ni l'observation des phénomènes de la nature; non qu'il eût l'idée puérile et fausse de réduire l'esprit humain à la seule étude de la morale : c'est au contraire précisément à son école et à ses disciples, que les sciences mathématiques et physiques durent leurs progrès ; parmi les ridicules qu'on cherche à lui donner dans les comédies, le reproche qui amène le plus de plaisanteries est celui de cultiver la géométrie, d'étudier les météores, de tracer des cartes de géographie, de faire des observations sur les verres brûlans, dont, par une singularité remarquable, l'époque la plus reculée ne nous a été transmise que par une bouffonnerie d'Aristophane.

Socrate vouloit seulement avertir les hommes de se borner aux objets que la nature a mis à leur portée; d'assurer chacun de leurs pas avant d'en essayer de nouveaux ; d'étudier l'espace qui les entoure, avant de s'élancer au hasard dans un espace inconnu.

Sa mort est un événement important dans l'histoire de l'esprit humain. Elle est le premier crime qu'ait enfanté la guerre de la philosophie et de la superstition.

Déjà l'incendie de l'école pythagoricienne avoit signalé la guerre non moins ancienne, non moins acharnée de la philosophie contre les oppresseurs de l'humanité. L'une et l'autre dureront tant qu'il restera sur la terre des prêtres ou des rois ; et elles occuperont une grande place dans le tableau qui nous reste à parcourir.

Les prêtres voyoient avec douleur des hommes qui, cherchant à perfectionner leur raison, à remonter aux causes premières, connoissoient toute l'absurdité de leurs dogmes, toute l'extravagance de leurs cérémonies, toute la fourberie de leurs oracles et de leurs prodiges. Ils craignoient que ces philosophes ne confiassent ce secret aux disciples, qui fréquentoient leurs écoles; que d'eux il ne passât à tous ceux qui, pour obtenir de l'autorité ou du crédit, étoient obligés de donner quelque culture à leur esprit ; et qu'ainsi l'empire sacerdotal ne fût bientôt réduit à la classe la plus grossière du peuple, qui finiroit elle-même par être désabusée.

L'hypocrisie effrayée, se hâta d'accuser les philosophes d'impiété envers les Dieux, afin qu'ils n'eussent pas le temps d'apprendre aux peuples que ces Dieux étoient l'ouvrage de leurs prêtres. Les philosophes crurent échapper à la persécution, en adoptant, à l'exemple des prêtres eux-mêmes, l'usage d'une double doctrine, en ne confiant qu'à des disciples éprouvés, les opinions qui blessoient trop ouvertement les préjugés vulgaires.

Mais les prêtres présentoient au peuple comme des blasphêmes les vérités physiques même les plus simples. Ils poursuivirent Anaxagore, pour avoir osé dire que le soleil étoit plus grand que le Péloponèse.

Socrate ne put échapper à leurs coups. Il n'y avoit plus dans Athènes de Périclès qui veillât à la défense du génie et de la vertu. D'ailleurs Socrate étoit bien plus coupable. Sa haine pour les sophistes, son zèle pour ramener vers des objets plus utiles la philosophie égarée, annonçoit aux prêtres que la vérité seule étoit l'objet de ses recherches ; qu'il vouloit, non faire adopter par les hommes un nouveau système, et soumettre leur imagination à la sienne, mais leur apprendre à faire usage de leur raison : et de tous les crimes, c'est celui que l'orgueil sacerdotal sait le moins pardonner.

Ce fut au pied du tombeau même de Socrate que Platon dicta les leçons qu'il avoit reçues de son maître.

Son style enchanteur, sa brillante imagination, les tableaux rians ou majestueux, les traits ingénieux et piquans, qui, dans ses dialogues, font disparoître la sécheresse des discussions philosophiques ; ces maximes d'une morale douce et pure, qu'il a su y répandre ; cet art avec lequel il met ses personnages en action et conserve à chacun son caractère ; toutes ces beautés que le temps et les révolutions des opinions n'ont pu flétrir, ont dû sans doute obtenir grâce pour les rêves philosophiques qui trop souvent forment le fond de ses ouvrages, pour cet abus des mots que son maître avoit tant reproché aux sophistes, et dont il n'a pu préserver le premier de ses disciples.

On est étonné, en lisant ses dialogues,

qu'ils soient l'ouvrage d'un philosophe qui, par une inscription placée sur la porte de son école, en défendoit l'entrée à quiconque n'auroit pas étudié la géométrie ; et que celui qui débite avec tant d'audace des hypothèses si creuses et si frivoles, ait été le fondateur de la secte, où l'on a soumis pour la première fois, à un examen rigoureux, les fondemens de la certitude des connoissances humaines, et même ébranlé ceux qu'une raison plus éclairée auroit fait respecter.

Mais la contradiction disparoît, si l'on songe que jamais Platon ne parle en son nom ; que Socrate son maitre s'y exprime toujours avec la modestie du doute ; que les systêmes y sont présentés, au nom de ceux qui en étoient, ou que Platon supposoit en être les auteurs : qu'ainsi ces mêmes dialogues sont encore une école de pyrrhonisme, et que Platon y a su montrer à la fois l'imagination hardie d'un savant qui se plaît à combiner, à développer de brillantes hypothèses, et la réserve d'un philosophe qui se livre à son imagination, sans se laisser entraîner par elle ; parce que sa raison, armée d'un doute salutaire, sait se défendre des illusions même les plus séduisantes.

Ces écoles où se perpétuoient la doctrine, et sur-tout les principes et la méthode d'un premier chef, pour qui ses successeurs étoient cependant bien éloignés d'une docilité servile ; ces écoles avoient l'avantage de réunir entre eux, par les liens d'une libre fraternité, les hommes occupés de pénétrer les secrets de la nature. Si l'opinion du maître y partageoit trop souvent l'autorité qui ne doit appartenir qu'à la raison ; si par-là cette institution suspendoit les progrès des lumières, elle servoit à les propager avec plus de promptitude et d'étendue, dans un temps où l'imprimerie étant inconnue, et les manuscrits mêmes très-rares, ces grandes écoles, dont la célébrité appeloit des élèves de toutes les parties de la Grèce, étoient le moyen le plus puissant d'y faire germer le goût de la philosophie, et d'y répandre les vérités nouvelles.

Ces écoles rivales se combattoient avec cette animosité que produit l'esprit de secte, et souvent l'on y sacrifioit l'intérêt de la vérité au succès d'une doctrine, à laquelle chaque membre de la secte attachoit une partie de son orgueil. La passion personnelle du prosélytisme corrompoit la passion plus noble d'éclairer les hommes. Mais en même temps, cette rivalité entretenoit dans les esprits une activité utile ; le spectacle de ces disputes, l'intérêt de ces guerres d'opinion réveilloit, attachoit à l'étude de la philosophie, une foule d'hommes, que le seul amour de la vérité n'auroit pu arracher ni aux affaires, ni aux plaisirs, ni même à la paresse.

Enfin, comme ces écoles, ces sectes, que les Grecs eurent la sagesse de ne jamais faire entrer dans les institutions publiques, restèrent parfaitement libres ; comme chacun pouvoit à son gré ouvrir une autre école, ou former une secte nouvelle, on n'avoit point à craindre cet asservissement de la raison, qui, chez la plûpart des autres peuples, opposoit un obstacle invincible au progrès de l'esprit humain.

Nous montrerons quelle fut, sur la raison

des Grecs, sur leurs mœurs, sur leurs lois, sur leurs gouvernemens, l'influence des philosophes, influence qui doit être attribuée en grande partie à ce qu'ils n'eurent, ou même ne voulurent jamais avoir aucune existence politique, à ce que l'éloignement volontaire des affaires publiques, étoit une maxime de conduite commune à presque toutes leurs sectes, enfin, à ce qu'ils affectoient de se distinguer des autres hommes, par leur vie, comme par leurs opinions.

En traçant le tableau de ces sectes différentes, nous nous occuperons moins de leurs systêmes, que des principes de leur philosophie; moins de chercher, comme on l'a fait trop souvent, quelles sont précisément les doctrines absurdes, que nous dérobe un langage devenu presque inintelligible; mais de montrer quelles erreurs générales les ont conduits dans ces routes trompeuses, et d'en trouver l'origine dans la marche naturelle de l'esprit humain.

Nous nous attacherons sur-tout à exposer les progrès des sciences réelles, et le perfectionnement successif de leurs méthodes.

A cette époque, la philosophie les embrassoit toutes, excepté la médecine, qui déjà s'en étoit séparée. Les écrits d'Hippocrate nous montreront quel étoit alors l'état de cette science, et de celles qui y sont naturellement liées, mais qui n'existoient encore que dans leurs rapports avec elle.

Les sciences mathématiques, avoient été cultivées avec succès, dans les écoles de Thalès et de Pythagore. Cependant elles ne s'y élevèrent pas beaucoup au-delà du terme, où elles s'étoient arrêtées dans les colléges sacerdotaux des peuples de l'Orient. Mais, dès la naissance de l'école de Platon, elles s'élancèrent au-delà de cette barrière, que l'idée de les borner à une utilité immédiate et pratique leur avoit opposée.

Ce philosophe résolut le premier le problême de la duplication du cube, à la vérité par un mouvement continu, mais par un procédé ingénieux, et d'une manière vraiment rigoureuse. Ses premiers disciples découvrirent les sections coniques, en déterminèrent les principales propriétés ; et par là, ils ouvrirent au génie cet horizon immense, où, jusqu'à la fin des temps, il pourra sans cesse exercer ses forces, mais dont à chaque pas, il verra reculer les bornes devant lui.

Ce n'est pas à la philosophie seule, que les sciences politiques durent leurs progrès chez les Grecs. Dans ces petites républiques, jalouses de conserver et leur indépendance et leur liberté, on eut presque généralement l'idée de confier à un seul homme, non la puissance de faire des lois, mais la fonction de les rédiger et de les présenter au peuple, qui, après les avoir examinées, leur accordoit une sanction immédiate.

Ainsi, le peuple imposoit un travail au philosophe, dont les vertus ou la sagesse avoient obtenu sa confiance; mais il ne lui conféroit aucune autorité : il exerçoit seul et par lui-même ce que depuis nous avons appelé le pouvoir législatif. L'habitude si funeste d'appeler la superstition au secours des institutions politiques, a souillé trop souvent l'exécution d'une idée si propre à donner aux lois d'un pays cette unité systématique, qui peut seule en rendre l'action sûre et facile, comme en maintenir la durée.

La politique d'ailleurs n'avoit pas encore de principes assez constans, pour que l'on n'eût pas à craindre de voir les législateurs porter dans ces combinaisons leurs préjugés et leurs passions.

Leur objet ne pouvoit être encore de fonder sur la raison, sur les droits que tous les hommes ont également reçus de la nature, enfin, sur les maximes de la justice universelle, l'édifice d'une société d'hommes égaux et libres, mais seulement d'établir les lois suivant lesquelles les membres héréditaires d'une société déjà existante, pourroient conserver leur liberté, y vivre à l'abri de l'injustice, et déployer au dehors une force, qui garantît leur indépendance.

Comme on supposoit que ces lois, presque toujours liées à la religion, et consacrées par des sermens, auroient une durée éternelle, on s'occupoit moins d'assurer à un peuple les moyens de les réformer d'une manière paisible, que de prévenir l'altération de ces lois fondamentales, et d'empêcher que des réformes de détail n'en altérassent le système, n'en corrompissent l'esprit. On chercha des institutions propres à exalter, à nourrir l'amour de la patrie, qui renfermait celui de sa législation, ou même de ses usages, et une organisation de pouvoirs, qui garantît l'exécution des lois contre la négligence ou la corruption des magistrats, le crédit des citoyens puissans, et les mouvemens inquiets de la multitude.

Les riches, qui seuls étoient alors à portée d'acquérir des lumières, pouvoient, en s'emparant de l'autorité, opprimer les pauvres, et les forcer à se jeter dans les bras d'un tyran. L'ignorance, la légèreté du peuple, sa jalousie contre les citoyens puissans, pouvoient donner à ceux-ci le désir et les moyens d'établir le despotisme aristocratique, ou livrer l'état affoibli à l'ambition de ses voisins. Forcés de se préserver à la fois de ces deux écueils, les législateurs grecs eurent recours à des combinaisons plus ou moins heureuses, mais portant presque toujours l'empreinte de cette finesse, de cette sagacité, qui dès-lors caractérisoit l'esprit général de la nation.

On trouveroit à peine dans les républiques

modernes ; et même dans les plans tracés par les philosophes , une institution dont les républiques grecques n'ayent offert le modèle ou donné l'exemple. Car la ligue amphictyonique, celle des Etoliens , des Arcadiens , des Achéens , nous présentent des constitutions fédératives, dont l'union étoit plus ou moins intime ; et il s'étoit établi un droit des gens moins barbare, et des règles de commerce plus libérales entre ces différens peuples rapprochés par une origine commune, par l'usage de la même langue, par la ressemblance des mœurs, des opinions et des croyances religieuses.

Les rapports mutuels de l'agriculture, de l'industrie, du commerce, avec la constitution d'un état et sa législation , leur influence sur sa prospérité, sur sa puissance, sur sa liberté, ne purent échapper aux regards d'un peuple ingénieux, actif, occupé des intérêts publics ; et l'on y apperçoit les premières traces de cet art si vaste, si utile, connu aujourd'hui sous le nom d'économie politique.

L'observation seule des gouvernemens

établis suffisoit donc, pour faire bientôt de la politique une science étendue. Aussi dans les écrits mêmes des philosophes, paroît-elle plutôt une science de faits, et pour ainsi dire empyrique, qu'une véritable théorie, fondée sur des principes généraux, puisés dans la nature, et avoués par la raison. Tel est le point de vue sous lequel on doit envisager les idées politiques d'Aristote et de Platon, si l'on veut en pénétrer le sens, et les apprécier avec justice.

Presque toutes les institutions des Grecs supposent l'existence de l'esclavage, et la possibilité de réunir, dans une place publique, l'universalité des citoyens; et pour bien juger de leurs effets, sur-tout pour prévoir ceux qu'elles produiroient dans les grandes nations modernes, il ne faut pas perdre un instant de vue ces deux différences si importantes. Mais on ne peut réfléchir sur la première, sans songer avec douleur, qu'alors les combinaisons même les plus parfaites, n'avoient pour objet que la liberté, ou le bonheur de la moitié tout au plus de l'espèce humaine.

L'éducation étoit chez les Grecs une

partie importante de la politique. Elle y formoit des hommes pour la patrie, bien plus que pour eux-mêmes, ou pour leur famille. Ce principe ne peut être adopté que pour des peuples peu nombreux, à qui l'on est plus excusable de supposer un intérêt national, séparé de l'intérêt commun de l'humanité. Il n'est praticable que dans les pays, où les travaux les plus pénibles de la culture et des arts sont exercés par des esclaves. Cette éducation se bornoit presque aux exercices du corps, aux principes des mœurs, aux habitudes propres à exciter un patriotisme exclusif : le reste s'apprenoit librement dans les écoles des philosophes ou des rhéteurs, dans les ateliers des artistes; et cette liberté est encore une des causes de la supériorité des Grecs.

Dans leur politique, comme dans leur philosophie, on découvre un principe général, auquel l'histoire présente à peine un très-petit nombre d'exceptions ; c'est de chercher dans les lois, moins à faire disparoître les causes d'un mal qu'à en détruire les effets, en opposant ces causes l'une à l'autre; c'est de vouloir, dans les institutions, tirer
parti

parti des préjugés, des vices, plutôt que les dissiper ou les réprimer; c'est de s'occuper plus souvent des moyens de dénaturer l'homme, d'exalter, d'égarer sa sensibilité, que de perfectionner, d'épurer les inclinations et les penchans, qui sont le produit nécessaire de sa constitution morale : erreurs produites par l'erreur plus générale de regarder comme l'homme de la nature, celui que leur offroit l'état actuel de la civilisation, c'est-à-dire, l'homme corrompu par les préjugés, par les intérêts des passions factices, et par les habitudes sociales.

Cette observation est d'autant plus importante, il sera d'autant plus nécessaire de développer l'origine de cette erreur, pour mieux la détruire, qu'elle s'est transmise jusqu'à notre siècle, et qu'elle corrompt encore trop souvent parmi nous et la morale et la politique.

Si l'on compare la législation, et sur-tout la forme et les règles des jugemens dans la Grèce, ou chez les Orientaux, on verra que chez les uns, les lois sont un joug, sous lequel la force a courbé des esclaves, chez les autres, les conditions d'un pacte commun fait entre des hommes. Chez les uns, l'objet des formes légales est que la volonté du maître soit accomplie, chez les autres, que la liberté des citoyens ne soit pas opprimée. Chez les uns, la loi est faite pour celui qui l'impose, chez les autres, pour celui qui doit s'y soumettre. Chez les uns, on force à la craindre, chez les autres, on instruit à la chérir : différences que nous retrouverons encore, chez les modernes, entre les lois des peuples libres, et celles des peuples esclaves. On verra que dans la Grèce, l'homme avoit du moins le sentiment de ses droits, s'il ne les connoissoit pas encore, s'il ne savoit pas en approfondir la nature, en embrasser et en circonscrire l'étendue.

A cette époque des premières lueurs de la philosophie chez les Grecs, et de leurs premiers pas dans les sciences, les beaux arts s'y élevèrent à un degré de perfection qu'aucun peuple n'avoit encore connu, qu'à peine quelques-uns ont pu atteindre depuis. Homère vécut pendant le temps de ces dissentions qui accompagnèrent la chute des tyrans, et la formation des républiques. Sophocle, Euripide, Pindare, Thucydide, Démosthènes, Phidias, Apelles, furent contemporains de Socrate ou de Platon.

Nous tracerons le tableau du progrès de ces arts; nous en discuterons les causes; nous distinguerons ce qu'on peut regarder comme une perfection de l'art, et ce qui n'est dû qu'à l'heureux génie de l'artiste; distinction qui suffit pour faire disparoître ces bornes étroites, dans lesquelles on a renfermé le perfectionnement des beaux arts. Nous montrerons l'influence qu'exercèrent sur leurs progrès la forme des gouvernemens, le système de la législation, l'esprit du culte religieux; nous rechercherons ce qu'ils durent à ceux de la philosophie, et ce qu'elle-même a pu leur devoir.

Nous montrerons comment la liberté, les arts, les lumières, ont contribué à l'adoucissement, à l'amélioration des mœurs; nous ferons voir que ces vices des Grecs, si souvent attribués aux progrès mêmes de leur civilisation, étoient ceux des siècles plus grossiers, et que les lumières, la culture des arts, les ont tempérés, quand elles n'ont pu les détruire ; nous prouverons que ces éloquentes déclamations contre les sciences et les arts, sont fondées sur une fausse application de l'histoire ; et qu'au contraire, les progrès de la vertu ont toujours accompagné ceux des lumières, comme ceux de la corruption en ont toujours suivi ou annoncé la décadence.

CINQUIEME ÉPOQUE.

Progrès des sciences depuis leur division jusqu'à leur décadence.

—————

Platon vivoit encore, lorsqu'Aristote, son disciple, ouvrit dans Athènes même, une école rivale de la sienne.

Non-seulement il embrassa toutes les sciences; mais il appliqua la méthode philosophique à l'éloquence et à la poésie. Il osa concevoir le premier, que cette méthode doit s'étendre à tout ce que l'intelligence humaine peut atteindre; puisque cette intelligence exerçant par tout les mêmes facultés, doit par tout être assujettie aux mêmes lois.

Plus le plan qu'il s'étoit formé étoit vaste, plus il sentit le besoin d'en séparer les diverses parties, et de fixer avec plus de précision les limites de chacune. A compter de cette époque, la plûpart des philosophes, et même des sectes entières, se bornèrent à quelques-unes de ces parties.

Les sciences mathématiques et physiques formèrent seules une grande division. Comme elles se fondent sur le calcul et l'observation, comme ce qu'elles peuvent enseigner est indépendant des opinions qui divisoient les sectes, elles se séparèrent de la philosophie, sur laquelle ces sectes régnoient encore. Elles devinrent donc l'occupation de savans, qui presque tous eurent même la sagesse de demeurer étrangers aux disputes des écoles, où l'on se livroit à une lutte de réputation plus utile à la renommée passagère des philosophes, qu'aux progrès de la philosophie. Ce mot commença même à ne plus exprimer que les principes généraux de l'ordre du monde, la métaphysique, la dialectique, et la morale, dont la politique faisoit partie.

Heureusement l'époque de cette division précéda le temps où la Grèce, après de longs orages, devoit perdre sa liberté.

Les sciences trouvèrent dans la capitale de l'Egypte un asile, que les despotes qui la gouvernoient auroient peut-être refusé à la philosophie. Des princes qui devoient une grande partie de leur richesse et de leur pouvoir, au commerce réuni de la Méditerranée et de l'Océan Asiatique, devoient encourager des sciences utiles à la navigation et au commerce.

Elles échappèrent donc à cette décadence plus prompte, qui se fit bientôt sentir dans la philosophie, dont l'éclat disparut avec la liberté. Le despotisme des Romains, si indifférens aux progrès des lumières, n'atteignit l'Egypte que très-tard, et dans un temps où la ville d'Alexandrie étoit devenue nécessaire à la subsistance de Rome; déjà en possession d'être la métropole des sciences, comme le centre du commerce, elle se suffisoit à elle-même pour en conserver le feu sacré par sa population, par sa richesse, par le grand concours des étrangers, par les établissemens que les Ptolémées avoient formés, et que les vainqueurs ne songèrent pas à détruire.

La secte académique, où les mathématiques avoient été cultivées dès son origine, et dont l'enseignement philosophique se bornoit presque à prouver l'utilité du doute, et indiquer les limites étroites de la certitude, devoit être la secte des savans; et cette doctrine ne pouvoit effrayer les despotes : aussi domina-t-elle dans l'école d'Alexandrie.

La théorie des sections coniques, la méthode de les employer, soit pour la construction des lieux géométriques, soit pour la résolution des problêmes, la découverte de quelques autres courbes, étendirent la carrière, jusqu'alors si resserrée, de la géométrie. Archimède découvrit la quadrature de la parabole, mesura la surface de la sphère : et ce furent les premiers pas dans cette théorie des limites, qui détermine la dernière valeur d'une quantité, celle dont cette quantité se rapproche sans cesse en ne l'atteignant jamais; dans cette science qui enseigne, tantôt à trouver les rapports des quantités évanouissantes, tantôt à remonter de la connoissance de ces rapports à la détermination de ceux des grandeurs finies; en un mot dans ce calcul, auquel, avec plus d'orgueil que de justesse, les modernes ont donné le nom de calcul de l'infini. C'est Archimède, qui le premier détermina le rapport approché du diamètre du cercle et de sa circonférence, enseigna comme on pouvoit en obtenir des valeurs toujours de plus en plus approchées, et fit connoître les méthodes d'approximation, ce supplément heureux de l'insuffisance des méthodes connues, et souvent de la science elle-même.

On peut, en quelque sorte, le regarder comme le créateur de la mécanique rationnelle. On lui doit la théorie du lévier, et la découverte de ce principe d'hydrostatique, qu'un corps, placé dans un corps fluide, perd une portion de son poids égale à celui de la masse qu'il a déplacée.

La vis qui porte son nom, ses miroirs ardens, les prodiges du siége de Syracuse, attestent ses talens dans la science des machines, que les savans avoient négligée, parce que les principes de théorie, connus jusqu'alors, ne pouvoient y atteindre encore. Ces grandes découvertes, ces sciences nouvelles placent Archimède parmi ces génies heureux, dont la vie est une époque dans l'histoire de l'homme, et dont l'existence paroît un des bienfaits de la nature.

C'est dans l'école d'Alexandrie que nous trouvons les premières traces de l'algèbre, c'est-à-dire du calcul des quantités considérées uniquement comme telles. La nature des questions proposées et résolues dans le livre de Diophante, exigeoient que les nombres y fussent envisagés comme ayant une valeur générale, indéterminée, et assujettie seulement à certaines conditions.

Mais cette science n'avoit point alors, comme aujourd'hui, ses signes, ses méthodes propres, ses opérations techniques. On désignoit ces valeurs générales par des mots; et c'étoit par une suite de raisonnemens que l'on parvenoit à trouver, à développer la solution des problèmes.

Des observations chaldéennes, envoyées à Aristote par Alexandre, accélérèrent les progrès de l'astronomie. Ce qu'ils offrent de plus brillant, est dû au génie d'Hipparque.

Mais si, après lui, dans l'astronomie, comme après Archimède dans la géométrie et dans la mécanique, on ne trouve plus de ces découvertes, de ces travaux, qui changent en quelque sorte la face entière d'une science, elles continuèrent long-temps encore de se perfectionner, de s'étendre, et de s'enrichir du moins par des vérités de détail.

Dans son histoire des animaux, Aristote avoit donné les principes et le modèle précieux de la manière d'observer avec exactitude, et de décrire avec méthode les objets de la nature, de classer ces observations et de saisir les résultats généraux qu'elles présentent. L'histoire des plantes, celle des minéraux, furent traitées après lui, mais avec moins de précision, et avec des vues moins étendues, moins philosophiques.

Les progrès de l'anatomie furent très-lents, non-seulement parce que des préjugés religieux s'opposoient à la dissection des cadavres, mais parce que l'opinion vulgaire en regardoit l'attouchement comme une sorte de souillure morale.

La médecine d'Hippocrate n'étoit qu'une science d'observation, qui n'avoit pu conduire encore qu'à des méthodes empyriques. L'esprit de secte, le goût des hypothèses l'infecta bientôt ; mais si le nombre des erreurs l'emporta sur celui des vérités nouvelles, si les préjugés ou les systêmes des médecins firent plus de mal que leurs observations ne purent faire de bien, cependant on ne peut nier que la médecine n'ait fait, durant cette époque, des progrès foibles, mais réels.

Aristote ne porta dans la physique, ni cette exactitude, ni cette sage réserve, qui caractérisent son histoire des animaux. Il paya le tribut aux habitudes de son siècle, à l'esprit des écoles, en la défigurant par ces principes hypothétiques qui, dans leur généralité vague, expliquent tout avec une sorte de facilité, parce qu'ils ne peuvent rien expliquer avec précision.

D'ailleurs, l'observation seule ne suffit pas ; il faut des expériences : elles exigent des instrumens ; et il paroît qu'on n'avoit pas alors assez recueilli de faits, qu'on ne les avoit pas vus avec assez de détail, pour sentir le besoin, pour avoir l'idée de cette manière d'interroger la nature et de la forcer à nous répondre.

Aussi, dans cette époque, l'histoire des progrès de la physique, doit-elle se borner au tableau d'un petit nombre de connoissances, dues au hasard et aux observations où conduit la pratique des arts, bien plus qu'aux recherches des savans. L'hydraulique, et sur-tout l'optique, présentent une moisson un peu moins stérile ; mais ce sont plutôt encore, des faits remarqués parce qu'ils se sont offerts d'eux-mêmes, que des théories ou des lois physiques, découvertes par des expériences, ou devinées par la méditation.

L'AGRICULTURE s'étoit bornée jusqu'alors à la simple routine, et à quelques règles que les prêtres, en les transmettant aux peuples, avoient corrompues par leurs superstitions. Elle devint chez les Grecs, et sur-tout chez les Romains, un art important et respecté, dont les hommes les plus savans s'empressèrent de recueillir les usages et les préceptes. Ces recueils d'observations présentées avec précision, rassemblées avec discernement, pouvoient éclairer la pratique, répandre les méthodes utiles : mais on étoit encore bien loin du siècle des expériences et des observations calculées.

Les arts mécaniques commencèrent à se lier aux sciences : les philosophes en examinèrent les travaux, en recherchèrent l'origine, en étudièrent l'histoire, s'occupèrent de décrire les procédés et les produits de ceux qui étoient cultivés dans les diverses contrées, de recueillir ces observations, et de les transmettre à la postérité.

Ainsi, l'on vit Pline embrasser l'homme, la nature et les arts, dans le plan immense de son histoire naturelle ; inventaire précieux de tout ce qui formoit alors les véritables richesses de l'esprit humain ; et ses droits à notre reconnoissance ne peuvent être détruits par le reproche mérité d'avoir accueilli, avec trop peu de choix et trop de crédulité, ce que l'ignorance ou la vanité mensongère des historiens et des voyageurs, avoit offert à son insatiable avidité de tout connoître.

Au milieu de la décadence de la Grèce, Athènes, qui, dans les jours de sa puissance, avoit honoré la philosophie et les lettres, leur dut, à son tour, de conserver plus long-temps quelques restes de son ancienne splendeur. On n'y balançoit plus à la tribune, les destins de la Grèce et de l'Asie ; mais c'est dans ses écoles que les Romains apprirent à connoître les secrets de l'éloquence ; et c'est aux pieds de la lampe de Démosthènes que se forma le premier de leurs orateurs.

L'académie, le lycée, le portique, les jardins d'Epicure, furent le berceau et la principale école des quatre sectes qui se disputèrent l'empire de la philosophie.

On enseignoit dans l'académie qu'il n'y a rien de certain ; que sur aucun objet l'homme ne peut atteindre, ni à une vraie certitude, ni même à une compréhension parfaite ; enfin (et il étoit difficile d'aller plus loin) qu'il ne pouvoit être sûr de cette impossibilité de rien connoître, et qu'il falloit douter même de la nécessité de douter de tout.

On y exposoit, on y défendoit, on y combattoit les opinions des autres philosophes, mais comme des hypothèses propres à exercer l'esprit, et pour faire sentir davantage, par l'incertitude qui accompagnoit ces disputes, la vanité des connoissances humaines, et le ridicule de la confiance dogmatique des autres sectes.

Mais ce doute, qu'avoue la raison, quand il conduit à ne point raisonner sur les mots auxquels nous ne pouvons attacher des idées nettes et précises, à proportionner notre adhésion au degré de la probabilité de chaque proposition, à déterminer, pour chaque classe de connoissances, les limites de la certitude que nous pouvons obtenir; ce même doute, s'il s'étend aux vérités démontrées, s'il attaque les principes de la morale, devient ou stupidité ou démence; il favorise l'ignorance et la corruption : et tel est l'excès où sont tombés les sophistes, qui remplacèrent dans l'académie les premiers disciples de Platon.

Nous exposerons la marche de ces sceptiques, la cause de leurs erreurs; nous chercherons ce que, dans l'exagération de leur doctrine,

doctrine, on doit attribuer à la manie de se singulariser par des opinions bizarres; nous ferons observer que, s'ils furent assez solidement réfutés par l'instinct des autres hommes, par celui qui les dirigeoit eux-mêmes dans la conduite de leur vie, jamais ils ne furent, ni bien entendus, ni bien réfutés par les philosophes.

Cependant ce scepticisme outré n'avoit pas entraîné toute la secte académique; et cette opinion d'une idée éternelle du juste, du beau, de l'honnête, indépendante de l'intérêt des hommes, de leurs conventions, de leur existence même, idée qui, imprimée dans notre ame, devenoit pour nous le principe de nos devoirs, et la règle de nos actions, cette doctrine, puisée dans les dialogues de Platon, continuoit d'être exposée dans son école, et y servoit de base à l'enseignement de la morale.

Aristote ne connut pas mieux que ses maîtres l'art d'analyser les idées, c'est-à-dire, de remonter par degrés jusqu'aux idées les plus simples qui sont entrées dans leur combinaison, d'observer la formation même de ces idées simples, de suivre dans ces opérations la marche de l'esprit et le développement de ses facultés.

Sa métaphysique ne fut donc, comme celle des autres philosophes, qu'une doctrine vague, fondée, tantôt sur l'abus des mots, et tantôt sur de simples hypothèses.

C'est à lui cependant que l'on doit cette vérité importante, ce premier pas dans la connoissance de l'esprit humain, que NOS IDÉES MÊME LES PLUS ABSTRAITES, LES PLUS PUREMENT INTELLECTUELLES, POUR AINSI DIRE, DOIVENT LEUR ORIGINE A NOS SENSATIONS : mais il ne l'appuya d'aucun développement. Ce fut plutôt l'apperçu d'un homme de génie, que le résultat d'une suite d'observations analysées avec précision, et combinées entre elles pour en faire sortir une vérité générale : aussi ce germe jeté, dans une terre ingrate, ne produisit de fruits utiles, qu'après plus de vingt siècles.

Aristote, dans sa logique, réduisant les démonstrations à une suite d'argumens assujettis à la forme syllogistique, divisant ensuite toutes les propositions en quatre classes qui les renferment toutes, apprend à reconnoître, parmi toutes les combinaisons possibles de propositions de ces quatre classes prises trois à trois, celles qui répondent à des syllogismes concluans, et qui y répondent nécessairement. Par ce moyen, l'on peut juger de la justesse ou du vice d'un argument, en sachant seulement à quelle combinaison il appartient; et l'art de raisonner juste est soumis, en quelque sorte, à des règles techniques.

Cette idée ingénieuse est restée inutile jusqu'ici; mais peut-être doit-elle un jour devenir le premier pas vers un perfectionnement, que l'art de raisonner et de discuter semble encore attendre.

Chaque vertu, suivant Aristote, est placée entre deux vices, dont l'un en est le défaut, et l'autre l'excès : elle n'est, en quelque sorte, qu'un de nos penchans naturels, auquel la raison nous défend, et de trop résister, et de trop obéir.

Ce principe général a pu s'offrir à lui

d'après une de ces idées vagues d'ordre et de convenance, si communes alors dans la philosophie ; mais il le vérifia, en l'appliquant à la nomenclature des mots qui, dans la langue grecque, exprimoient ce qu'on y appeloit des vertus.

Vers le même temps, deux sectes nouvelles, appuyant la morale sur des principes opposés, du moins en apparence, partagèrent les esprits, étendirent leur influence bien au-delà des bornes de leurs écoles, et hâtèrent la chute de la superstition grecque, que malheureusement une superstition plus sombre, plus dangereuse, plus ennemie des lumières, devoit bientôt remplacer.

Les Stoïciens firent consister la vertu et le bonheur, dans la possession d'une ame également insensible à la volupté et à la douleur, affranchie de toutes les passions, supérieure à toutes les craintes, à toutes les foiblesses, ne connoissant de véritable bien que la vertu, de mal réel que les remords. Ils croyoient que l'homme a le pouvoir de s'élever à cette hauteur, s'il en a une volonté forte et constante ; et qu'alors, indépendant de la fortune, toujours maître de lui-même, il est également inaccessible au vice et au malheur.

Un esprit unique anime le monde : il est présent par-tout, si même il n'est pas tout, s'il existe autre chose que lui. Les ames humaines en sont des émanations. Celle du sage, qui n'a point souillé la pureté de son origine, se réunit, au moment de la mort, à cet esprit universel. La mort seroit donc un bien, si, pour le sage soumis à la nature, endurci contre tout ce que les hommes vulgaires appellent des maux, il n'y avoit pas plus de grandeur à la regarder comme une chose indifférente.

Epicure place le bonheur dans la jouissance du plaisir et dans l'absence de la douleur. La vertu consiste à suivre les penchans naturels, mais en sachant les épurer, et les diriger. La tempérance, qui prévient la douleur, qui, en conservant nos facultés naturelles dans toute leur force, nous assure toutes les jouissances que la nature nous a préparées ; le soin de se préserver des passions haineuses ou violentes, qui tourmentent et déchirent le cœur livré à leur amertume et à leurs fureurs; celui de cultiver au contraire les affections douces et tendres, de se ménager les voluptés qui suivent la pratique de la bienfaisance, de conserver la pureté de son ame pour éviter la honte et les remords qui punissent le crime, pour jouir du sentiment délicieux qui récompense les belles actions : telle est la route qui conduit à la fois et au bonheur et à la vertu.

Epicure ne voyoit dans l'univers qu'une collection d'atomes, dont les combinaisons diverses étoient soumises à des lois nécessaires. L'ame humaine étoit elle-même une de ces combinaisons. Les atomes qui la composoient, réunis à l'instant où le corps commençoit la vie, se dispersoient au moment de la mort, pour se réunir à la masse commune, et entrer dans de nouvelles combinaisons.

Ne voulant pas heurter trop directement les préjugés populaires, il avoit admis des Dieux ; mais indifférens aux actions des hommes, étrangers à l'ordre de l'univers, et soumis comme les autres êtres aux lois générales de son mécanisme, ils étoient en quelque sorte un hors-d'œuvre de ce système.

Des hommes durs, orgueilleux, injustes, se cachèrent sous le masque du stoïcisme. Des hommes voluptueux et corrompus se glissèrent souvent dans les jardins d'Epicure. On calomnia les principes des épicuriens, qu'on accusa de placer le souverain bien dans les voluptés grossières. On tourna en ridicule les prétentions du sage de Zénon, qui, esclave tournant la meule, ou tourmenté de la goutte, n'en est pas moins heureux, libre, et souverain.

Cette philosophie qui prétendoit s'élever au-dessus de la nature, et celle qui ne vouloit qu'y obéir; cette morale qui ne reconnoissoit d'autre bien que la vertu, et celle qui plaçoit le bonheur dans la volupté, conduisoient aux mêmes conséquences pratiques, en partant de principes si contraires, en tenant un langage si opposé. Cette ressemblance dans les préceptes moraux de toutes les religions, de toutes les sectes de philosophie, suffiroit pour prouver qu'ils ont une vérité indépendante des dogmes de ces religions, des principes de ces sectes ; que c'est dans la constitution morale de l'homme qu'il faut chercher la base de ses devoirs, l'origine de ses idées de justice et de vertu : vérité dont la secte épicurienne s'étoit moins éloignée qu'aucune autre : et rien peut être ne contribua davantage à lui mériter la haine des hypocrites de toutes les classes, pour qui la morale n'est qu'un objet de commerce dont ils se disputent le monopole.

La chute des républiques grecques entraîna celle des sciences politiques. Après Platon, Aristote et Xénophon, l'on cessa presque de les comprendre dans le système de la philosophie.

Mais il est temps de parler d'un événement qui changea le sort d'une grande partie du monde, et exerça sur les progrès de l'esprit humain une influence qui s'est prolongée jusqu'à nous.

Si l'on en excepte l'Inde et la Chine, la ville de Rome avoit étendu son empire sur toutes les nations où l'esprit humain s'étoit élevé au-dessus de la foiblesse de sa première enfance.

Elle donnoit des lois à tous les pays où les Grecs avoient porté leur langue, leurs sciences et leur philosophie. Tous ces peuples, suspendus à une chaîne que la victoire avoit attachée au pied du capitole, n'existoient plus que par la volonté de Rome et pour les passions de ses chefs.

Un tableau vrai de la constitution de cette ville dominatrice, ne sera point étranger à l'objet de cet ouvrage : on y verra l'origine du patriciat héréditaire, et les adroites combinaisons employées pour lui donner plus de stabilité et plus de force, en le rendant moins odieux ; un peuple exercé aux armes, mais ne les employant jamais dans ses dissentions domestiques ; réunissant la force réelle à l'autorité légale, et se défendant à peine contre un sénat orgueilleux, qui, en l'enchaînant par la superstition, l'éblouissoit par l'éclat de ses victoires; une grande nation tour-à-tour le jouet de ses tyrans ou de ses défenseurs, et pendant quatre siècles la dupe patiente d'une manière de prendre ses suffrages, absurde mais consacrée.

On verra cette constitution, faite pour une seule ville, changer de nature sans changer de forme, quand il fallut l'étendre à un grand empire ; ne pouvant se maintenir que par des guerres continuelles, et bientôt détruite par ses propres armées ; enfin le peuple roi avili par l'habitude d'être nourri aux dépens du trésor public, corrompu par les largesses des sénateurs, vendant à un homme les restes illusoires de son inutile liberté.

L'ambition des Romains, les portoit à chercher en Grèce des maîtres, dans cet art de l'éloquence, qui étoit chez eux une des routes de la fortune. Ce goût pour les jouissances exclusives et raffinées, ce besoin de nouveaux plaisirs, qui naît de la richesse et de l'oisiveté, leur fit rechercher les arts des Grecs, et même la conversation de leurs philosophes. Mais les sciences, la philosophie, les arts du dessin, furent toujours des plantes étrangères au sol de Rome.

L'avarice des vainqueurs couvrit l'Italie de chefs-d'œuvres de la Grèce, enlevés par la force aux temples, aux cités dont ils faisoient l'ornement, et dont ils consoloient l'esclavage : mais les ouvrages d'aucun Romain n'osèrent s'y mêler. Cicéron, Lucrèce et Sénèque écrivirent éloquemment dans leur langue sur la philosophie; mais c'étoit sur celle des Grecs : et pour réformer le calendrier barbare de Numa, César fut obligé d'employer un mathématicien d'Alexandrie.

Rome, long-temps déchirée par les factions de généraux ambitieux, occupée de nouvelles conquêtes, ou agitée par les discordes civiles, tomba enfin de son inquiète liberté dans un despotisme militaire plus orageux encore. Quelle place auroient donc pu trouver les tranquilles méditations de la philosophie ou des sciences, entre des chefs qui aspiroient à la tyrannie, et bientôt après sous des despotes qui craignoient la vérité, et qui haïssoient également les talens et les vertus ? D'ailleurs les sciences et la philosophie sont nécessairement négligées, dans tout pays où une carrière honorable, qui conduit aux richesses et aux dignités, est ouverte à tous ceux que leur penchant naturel porte vers l'étude : et telle étoit à Rome celle de la jurisprudence.

Quand les lois, comme dans l'Orient, sont liées à la religion, le droit de les interpréter devient un des plus forts appuis de la tyrannie sacerdotale. Dans la Grèce, elles avoient fait partie de ce code donné à chaque ville par son législateur : il les y avoit liées à l'esprit de la constitution et du gouvernement qu'il avoit établi. Elles y éprouvèrent peu de changemens. Souvent les magistrats en abusèrent : les injustices particulières furent fréquentes ; mais les vices des lois n'y conduisirent jamais à un système de brigandage régulier et froidement calculé. A Rome, où long-temps on ne connut d'autre autorité que la tradition des coutumes, où les juges déclaroient, chaque année, d'après quels principes ils décideroient les contestations pendant la durée de leur magistrature, où les premières lois écrites furent une compilation des lois grecques, rédigée par des décemvirs plus occupés de conserver leur pouvoir que de l'honorer, en présentant une bonne législation ; à Rome, où depuis cette époque, des lois dictées tour-à-tour par le parti du sénat et par celui du peuple, se succédoient avec rapidité, étoient sans cesse détruites ou confirmées, corrigées ou aggravées par des dispositions nouvelles, bientôt leur multiplicité, leur complication, leur obscurité, suite nécessaire du changement de la langue, firent une science à part de l'étude et de l'intelligence de ces lois. Le sénat, profitant du respect du peuple pour les anciennes institutions, sentit bientôt que le privilége d'interpréter les lois, devenoit presque équivalent au droit d'en faire de nouvelles ; et il se remplit de jurisconsultes. Leur puissance survécut à celle du sénat même : elle s'accrut sous les empereurs ; parce qu'elle est d'autant plus grande, que la législation est plus bizarre et plus incertaine.

LA jurisprudence est donc la seule science nouvelle que nous devions aux Romains. Nous en tracerons l'histoire, qui se lie à celle des progrès que la science de la législation a faits chez les modernes, et sur-tout à celle des obstacles qu'elle y a rencontrés.

Nous montrerons, comment le respect pour le droit positif des Romains, a contribué à conserver quelques idées du droit naturel des hommes, pour empêcher ensuite ces idées de s'agrandir et de s'étendre; comment nous avons dû au droit romain un petit nombre de vérités utiles, et beaucoup plus de préjugés tyranniques.

La douceur des lois pénales, sous la république, mérite de fixer nos regards. Elles avoient en quelque sorte rendu sacré le sang d'un citoyen romain. La peine de mort ne pouvoit être portée contre lui, sans cet appareil d'un pouvoir extraordinaire, qui annonçoit les calamités publiques et le danger de la patrie. Le peuple entier pouvoit être réclamé pour juge, entre un seul homme et la république. On avoit senti que cette douceur est, chez un peuple libre, le seul moyen d'empêcher les dissentions politiques de dégénérer en massacres sanguinaires; on avoit voulu corriger, par l'humanité dans les lois, la férocité des mœurs d'un peuple qui, même dans ses jeux, prodiguoit le sang de ses esclaves : aussi, en s'arrêtant au temps des Gracques, jamais, dans aucun pays, des orages si violens et si répétés ne coûtèrent moins de sang, ne produisirent moins de crimes.

Il ne nous est resté aucun ouvrage des Romains sur la politique. Celui de Cicéron sur les lois, n'étoit vraisemblablement qu'un extrait embelli des livres des Grecs. Ce n'étoit pas au milieu des convulsions de la liberté expirante, que la science sociale auroit pu se naturaliser et se perfectionner. Sous le despotisme des Césars, l'étude n'en eût paru qu'une conspiration contre leur pouvoir. Rien enfin ne prouve mieux, combien elle fut toujours inconnue chez les Romains, que d'y voir l'exemple, unique jusqu'ici dans l'histoire, d'une succession non interrompue, depuis Nerva jusqu'à Marc-Aurèle, de cinq empereurs qui réunissoient les vertus, les talens, les lumières, l'amour de la gloire, le zèle du bien public, sans qu'il soit émané d'eux une seule institution qui ait marqué le désir de mettre des bornes au despotisme ou de prévenir les révolutions, et de resserrer par de nouveaux liens les parties de cette masse immense, dont tout présageoit la dissolution prochaine.

La réunion de tant de peuples sous une même domination, l'étendue des deux langues qui se partageoient l'empire, et qui toutes deux étoient familières à presque tous les hommes instruits, ces causes, agissant de concert, devoient contribuer sans doute à répandre les lumières sur un plus grand espace avec plus d'égalité. Leur effet naturel devoit être encore, d'affoiblir peu-à-peu les différences qui séparoient les sectes philosophiques, de les réunir en une seule, qui choisiroit dans chacune, les opinions les plus conformes à la raison, celles qu'un examen réfléchi avoit le plus confirmées. C'étoit même à ce point que la raison devoit amener les philosophes, lorsque l'effet du temps sur l'enthousiasme sectaire permettroit de n'écouter qu'elle. Aussi trouve-t-on déjà, dans Sénèque, quelques traces de cette philosophie : elle ne fut même jamais étrangère à la secte académique, qui parut se confondre presqu'entièrement avec elle ; et les derniers disciples de Platon furent les fondateurs de l'éclectisme.

Presque toutes les religions de l'empire avoient été nationales. Mais toutes aussi avoient

avoient de grands traits de ressemblance, et en quelque sorte un air de famille. Point de dogmes métaphysiques, beaucoup de cérémonies bizarres qui avoient un sens ignoré du peuple, et souvent même des prêtres ; une mythologie absurde, où la multitude ne voyoit que l'histoire merveilleuse de ses dieux, où les hommes plus instruits soupçonnoient l'exposition allégorique de dogmes plus relevés; des sacrifices sanglans, des idoles qui représentoient les dieux, et dont quelques-unes, consacrées par le temps, avoient une vertu céleste ; des pontifes dévoués au culte de chaque divinité, sans former un corps politique, sans même être réunis dans une communion religieuse ; des oracles attachés à certains temples, à certaines statues ; enfin des mystères, que leurs hiérophantes ne communiquoient qu'en imposant la loi d'un inviolable secret. Tels étoient ces traits de ressemblance.

Il faut y ajouter encore que les prêtres, arbitres de la conscience religieuse, n'avoient jamais osé prétendre à l'être de la conscience morale; qu'ils dirigeoient la pratique du culte, et non les actions de la vie privée.

Ils vendoient à la politique des oracles ou des augures ; ils pouvoient précipiter les peuples dans des guerres, leur dicter des crimes ; mais ils n'exerçoient aucune influence, ni sur le gouvernement, ni sur les lois.

Quand les peuples, sujets d'un même empire, eurent une communication habituelle, et que les lumières eurent fait partout des progrès presqu'égaux, les hommes instruits s'apperçurent bientôt que tous ces cultes étoient celui d'un dieu unique, dont les divinités si multipliées, objets immédiats de l'adoration populaire, n'étoient que les modifications ou les ministres.

Cependant, chez les Gaulois, et dans quelques cantons de l'Orient, les Romains avoient trouvé des religions d'un autre genre. Là, les prêtres étoient les juges de la morale : la vertu consistoit dans l'obéissance à la volonté d'un dieu, dont ils se disoient les seuls interprètes. Leur empire s'étendoit sur l'homme tout entier ; le temple se confondoit avec la patrie : on étoit adorateur de Jéhova ou d'OEsus, avant d'être citoyen ou sujet de l'empire; et les prêtres décidoient à quelles lois humaines leur dieu permettoit d'obéir.

Ces religions devoient blesser l'orgueil des maîtres du monde. Celle des Gaulois étoit trop puissante, pour qu'ils ne se hâtassent point de la détruire. La nation Juive fut même dispersée: mais la vigilance du gouvernement, ou dédaigna, ou ne put atteindre les sectes obscures, qui se formèrent en secret du débris de ces cultes antiques.

Un des bienfaits de la propagation de la philosophie grecque avoit été de détruire la croyance des divinités populaires, dans toutes les classes, où l'on recevoit une instruction un peu étendue. Un theïsme vague, ou le pur mécanisme d'Epicure, étoit, même dès le temps de Cicéron, la doctrine commune de quiconque avoit cultivé son esprit, de tous ceux qui dirigeoient les affaires publiques. Cette classe d'hommes s'attacha nécessairement à l'ancienne religion, mais en cherchant à l'épurer; parce que la multiplicité de ces dieux de tout pays avoit lassé même la crédulité du peuple. On vit alors les philosophes former des systêmes sur les génies intermédiaires, se soumettre à des préparations, à des pratiques, à un régime religieux, pour se rendre plus dignes d'approcher de ces intelligences supérieures : et ce fut dans les dialogues de Platon, qu'ils cherchèrent les fondemens de cette doctrine.

Le peuple des nations conquises, les infortunés, les hommes d'une imagination ardente et foible, durent s'attacher de préférence aux religions sacerdotales; parce que l'intérêt des prêtres dominateurs, leur inspiroit précisément cette doctrine d'égalité dans l'esclavage, de renoncement aux biens temporels, de récompenses célestes réservées à l'aveugle soumission, aux souffrances, aux humiliations volontaires ou supportées avec patience : doctrine si séduisante pour l'humanité opprimée ! Mais ils avoient besoin de relever, par quelques subtilités philosophiques, leur mythologie grossière; et c'est encore à Platon qu'ils eurent recours. Ses dialogues furent l'arsenal, où les deux partis allèrent forger leurs armes théologiques. Nous verrons, dans la suite, Aristote obtenir un semblable honneur, et se trouver à la fois le maître des théologiens et le chef des athées.

Vingt sectes égyptiennes, judaïques, s'accordant pour attaquer la religion de l'empire, mais se combattant entre elles avec une égale fureur, finirent par se perdre dans la religion de Jésus. On parvint à composer de leurs débris une histoire, une croyance, des cérémonies, et une morale, auxquelles se réunit peu-à-peu la masse de ces illuminés.

Tous croyoient à un Christ, à un Messie envoyé de dieu, pour réparer le genre humain. C'est le dogme fondamental de toute secte, qui veut s'élever sur les débris des sectes anciennes. On se disputoit sur le temps, sur le lieu de son apparition, sur son nom mortel : mais celui d'un prophète, qui avoit, dit-on, paru en Palestine, sous Tibère, éclipsa tous les autres ; et les nouveaux fanatiques se rallièrent sous l'étendard du fils de Marie.

Plus l'empire s'affoiblissoit, plus cette

religion chrétienne faisoit des progrès rapides. L'avilissement des anciens conquérans du monde s'étendoit sur les dieux, qui, après avoir présidé à leurs victoires, n'étaient plus que les témoins impuissans de leurs défaites. L'esprit de la nouvelle secte convenoit mieux à des temps de décadence et de malheur. Ses chefs, malgré leurs fourberies et leurs vices, étoient des enthousiastes prêts à périr pour leur doctrine. Le zèle religieux des philosophes et des grands, n'étoit qu'une dévotion politique : et toute religion qu'on se permet de défendre comme une croyance qu'il est utile de laisser au peuple, ne peut plus espérer qu'une agonie plus ou moins prolongée. Bientôt le christianisme devient un parti puissant ; il se mêle aux querelles des Césars ; il met Constantin sur le trône, et s'y place lui-même, à côté de ses foibles successeurs.

En vain un de ces hommes extraordinaires, que le hasard élève quelquefois à la souveraine puissance, Julien, voulut délivrer l'empire de ce fléau, qui devoit en accélérer la chute : ses vertus, son indulgente humanité, la simplicité de ses mœurs, l'élévation de son ame et de son caractère, ses talens, son courage, son génie militaire, l'éclat de ses victoires, tout sembloit lui promettre le succès. On ne pouvoit lui reprocher que de montrer pour une religion, devenue ridicule, un attachement indigne de lui, s'il étoit sincère; mal-adroit par son exagération, s'il n'étoit que politique : mais il périt au milieu de sa gloire, après un règne de deux années. Le colosse de l'empire romain, ne trouva plus de bras assez puissant pour le soutenir; et la mort de Julien brisa la seule digue, qui pût encore s'opposer au torrent des superstitions nouvelles, comme aux inondations des barbares.

Le mépris des sciences humaines étoit un des premiers caractères du christianisme. Il avoit à se venger des outrages de la philosophie; il craignoit cet esprit d'examen et de doute, cette confiance en sa propre raison, fléau de toutes les croyances religieuses. La lumière des sciences naturelles lui étoit même odieuse et suspecte; car elles sont très-dangereuses pour le succès des miracles : et il n'y a point de religion qui ne force ses sectateurs à dévorer quelques absurdités physiques. Ainsi le triomphe du christianisme fut le signal de l'entière décadence, et des sciences, et de la philosophie.

Les sciences auroient pu s'en préserver, si l'art de l'imprimerie eût été connu ; mais les manuscrits d'un même livre étoient en petit nombre : il falloit, pour se procurer les ouvrages qui formoient le corps entier d'une science, des soins, souvent des voyages et des dépenses, auxquelles les hommes riches pouvoient seuls atteindre. Il étoit facile au parti dominant de faire disparoître les livres, qui choquoient ses préjugés ou démasquoient ses impostures. Une invasion des barbares pouvoit, en un seul jour, priver pour jamais un pays entier des moyens de s'instruire. La destruction d'un seul manuscrit étoit souvent, pour toute une contrée, une perte irréparable. On ne copioit d'ailleurs que les ouvrages recommandés par le nom de leurs auteurs. Toutes ces recherches, qui ne peuvent acquérir d'importance que par leur réunion, ces observations isolées, ces perfectionnemens de détail qui servent à maintenir les sciences au même niveau, qui en préparent les progrès, tous ces matériaux que le temps amasse, et qui attendent le génie, restoient condamnés à une éternelle obscurité. Ce concert des savans, cette réunion de leurs forces si utile, si nécessaire même à certaines époques, n'existoit pas. Il falloit que le même individu pût commencer et achever une découverte ; et il étoit obligé de combattre seul toutes les résistances, que la nature oppose à nos efforts. Les ouvrages qui facilitent l'étude des sciences, qui en éclaircissent les difficultés, qui en présentent les vérités sous des formes plus commodes et plus simples, ces détails des observations, ces développemens qui souvent éclairent sur les erreurs des résultats, et où le lecteur saisit ce que l'auteur n'a point lui-même apperçu ; ces ouvrages n'auroient pu trouver ni copistes ni lecteurs.

Il étoit donc impossible que les sciences, déjà parvenues à une étendue qui en rendoit difficiles, et les progrès, et même l'étude approfondie, pussent se soutenir d'elles-mêmes, et résister à la pente qui les entraînoit rapidement vers leur décadence. Ainsi l'on ne doit pas s'étonner que le christianisme, qui dans la suite n'a point été assez puissant pour les empêcher de reparoître avec éclat, après l'invention de l'imprimerie, l'ait été alors assez pour en consommer la ruine.

Si l'on en excepte l'art dramatique, qui ne fleurit que dans Athènes, et qui dut tomber avec elle et l'éloquence, qui ne respire que dans un air libre, la langue et la littérature des Grecs conservèrent long-temps leur splendeur. Lucien et Plutarque n'auroient point déparé le siècle d'Alexandre. Rome, il est vrai, s'éleva au niveau de la Grèce, dans la poésie, dans l'éloquence, dans l'histoire, dans l'art de traiter avec dignité, avec élégance, avec agrément, les sujets arides de la philosophie et des sciences. La Grèce même n'a point de poète, qui donne autant, que Virgile, l'idée de la perfection : elle n'a aucun historien qui puisse s'égaler à Tacite. Mais ce moment d'éclat fut suivi d'une prompte décadence. Dès le temps de Lucien, Rome n'avoit plus que des écrivains presque barbares. Chrysostôme parle encore la langue de Démosthène. On ne reconnoît plus celle de Cicéron ou de Tite-Live, ni dans Augustin, ni même dans Jérôme, qui n'a point pour excuse l'influence de la barbarie africaine.

C'est que jamais à Rome l'étude des lettres, l'amour des arts, ne fut un goût vraiment populaire; c'est que la perfection passagère de la langue y fut l'ouvrage, non du génie national, mais de quelques hommes que la Grèce avoit formés. C'est que le territoire de Rome fut toujours pour les lettres un sol étranger, où une culture assidue avoit pu les naturaliser, mais où elles devoient dégénérer dès qu'elles resteroient abandonnées à elles-mêmes.

L'importance dont fut long-temps, à Rome et dans la Grèce, le talent de la tribune et celui du barreau, y multiplia la classe des rhéteurs. Leurs travaux ont contribué au progrès de l'art, dont ils ont développé les principes et les finesses. Mais ils en enseignoient un autre trop négligé par les modernes, et qu'il faudroit transporter aujourd'hui des ouvrages prononcés aux ouvrages imprimés. C'est l'art de préparer avec facilité, et en peu de temps, des discours que la disposition de leurs parties, la méthode qui y règne, les ornemens qu'on sait y répandre, rendent du moins supportables ; c'est celui de pouvoir parler presque sur le champ, sans fatiguer ses auditeurs du désordre de ses idées, de la diffusion de son style, sans les révolter par d'extravagantes déclamations, par des non-sens grossiers, par de bizarres disparates. Combien cet art ne seroit-il pas utile dans tous les pays, où les fonctions d'une place, un devoir public, un intérêt particulier, peuvent obliger à parler, à écrire, sans avoir le temps de méditer ses discours ou ses ouvrages ! Son histoire mérite d'autant plus de nous occuper, que les modernes, à qui cependant il seroit souvent nécessaire, semblent n'en avoir connu que le côté ridicule.

Dès les commencemens de l'époque dont j'achève ici le tableau, les livres s'étoient assez multipliés; la distance des temps avoit semé d'assez grandes obscurités sur les ouvrages des premiers écrivains de la Grèce, pour que cette étude des livres et des opinions, connue sous le nom d'érudition, formât une partie importante des travaux de l'esprit : et la bibliothèque d'Alexandrie se peupla de grammairiens et de critiques.

On observe, dans ce qui nous reste d'eux, un penchant à mesurer leur admiration ou leur confiance, sur l'ancienneté d'un livre, sur la difficulté de l'entendre ou de le trouver ; une disposition à juger les opinions, non en elles-mêmes, mais sur le nom de leurs auteurs ; à croire d'après l'autorité, plutôt que d'après la raison ; enfin l'idée si fausse et si funeste de la décadence du genre humain, et de la supériorité des temps antiques. L'importance que les hommes attachent à ce qui fait l'objet de leurs occupations, à ce qui leur a coûté des efforts, est à la fois l'explication et l'excuse de ces erreurs, que les érudits de tous les pays et de tous les temps ont plus ou moins partagées.

On peut reprocher aux érudits grecs et romains, et même à leurs savans et à leurs philosophes, d'avoir manqué absolument de cet esprit de doute, qui soumet à l'examen sévère de la raison, et les faits et leurs preuves. En parcourant dans leurs écrits, l'histoire des événemens ou des mœurs, celle des productions et des phénomènes de la nature, ou des produits et des procédés des arts, on s'étonne de les voir raconter avec tranquillité les absurdités les plus palpables, les prodiges les plus révoltans. Un *on dit, on rapporte*, placé au commencement de la phrase, leur paroît suffire pour se mettre à l'abri du ridicule d'une crédulité puérile. C'est surtout au malheur d'ignorer encore l'art de l'imprimerie, qu'on doit attribuer cette indifférence, qui a corrompu chez eux l'étude de l'histoire, et qui s'est opposée à leurs progrès dans la connoissance de la nature. La certitude d'avoir rassemblé sur chaque fait toutes les autorités, qui peuvent le confirmer ou le détruire, la facilité de comparer les divers témoignages, de s'éclairer par les discussions, que fait naître leur différence, tous ces moyens de s'assurer de la vérité, ne peuvent exister, que lorsqu'il est possible d'avoir un grand nombre de livres, d'en multiplier indéfiniment les copies, de ne pas craindre de leur donner trop d'étendue,

Comment des relations de voyageurs, des descriptions, dont souvent il n'existoit qu'une copie, qui n'étoient point soumises à la censure publique, auroient-elles pu acquérir cette autorité, dont l'avantage de n'avoir pas été contredites, et d'avoir pu l'être, est la base première? Ainsi, l'on rapportoit tout également, parce qu'il étoit difficile de choisir avec quelque certitude ce qui méritoit d'être rapporté. D'ailleurs, nous ne sommes pas en droit de nous étonner de cette facilité à présenter avec une même confiance, d'après des autorités égales, et les faits les plus naturels et les faits les plus miraculeux. Cette erreur est encore enseignée dans nos écoles, comme un principe de philosophie, tandis qu'une incrédulité exagérée dans le sens contraire, nous porte à rejeter sans examen tout ce qui nous paroît hors de la nature : et la science qui peut seule nous apprendre à trouver, entre ces deux extrêmes, le point, où la raison nous prescrit de nous arrêter, n'a commencé à exister que de nos jours.

SIXIEME ÉPOQUE.

Décadence des lumières, jusqu'à leur restauration vers le temps des croisades.

Dans cette époque désastreuse, nous verrons l'esprit humain descendre rapidement de la hauteur où il s'étoit élevé, et l'ignorance traîner après elle, ici la férocité, ailleurs une cruauté raffinée, par-tout la corruption et la perfidie. A peine quelques éclairs de talens, quelques traits de grandeur d'ame ou de bonté, peuvent-ils percer à travers cette nuit profonde. Des rêveries théologiques, des impostures superstitieuses, sont le seul génie des hommes, l'intolérance religieuse leur seule morale; et l'Europe, comprimée, entre la tyrannie sacerdotale et le despotisme militaire, attend dans le sang et dans les larmes, le moment, où de nouvelles lumières lui permettront de renaître à la liberté, à l'humanité, et aux vertus.

Ici

Ici, nous sommes obligés de partager le tableau en deux parties distinctes : la première embrassera l'Occident, où la décadence fut plus rapide et plus absolue, mais où le jour de la raison devoit reparoître pour ne s'éteindre jamais : et la seconde, l'Orient, pour qui cette décadence fut plus lente, long-temps moins entière, mais qui ne voit pas encore le moment où la raison pourra l'éclairer et briser ses chaînes.

A peine la piété chrétienne eut-elle abattu l'autel de la victoire, que l'Occident devint la proie des barbares. Ils embrassèrent la religion nouvelle, mais ils ne prirent point la langue des vaincus : les prêtres seuls la conservèrent ; et grâce à leur ignorance, à leur mépris pour les lettres humaines, on vit disparoître ce qu'on auroit pu espérer de la lecture de livres latins, puisque ces livres ne pouvoient plus être lus que par eux.

On connoît assez l'ignorance et les mœurs barbares des vainqueurs : cependant, c'est du milieu de cette férocité stupide que sortit la destruction de l'esclavage domestique, qui avoit déshonoré les beaux jours de la Grèce, savante et libre.

Les serfs de la glèbe cultivoient les terres des vainqueurs. Cette classe opprimée fournissoit pour leurs maisons des domestiques, dont la dépendance suffisoit à leur orgueil et à leurs caprices. Ils cherchoient donc dans la guerre, non des esclaves, mais des terres et des colons.

D'ailleurs, les esclaves qu'ils trouvoient dans les contrées envahies par eux, étoient en grande partie, ou des prisonniers faits sur quelqu'une des tribus de la nation victorieuse, ou les enfans de ces prisonniers. Un grand nombre, au moment de la conquête, avoient fui, ou s'étoient joints à l'armée des conquérans.

Enfin, les principes de fraternité générale, qui faisoient partie de la morale chrétienne, condamnoient l'esclavage ; et les prêtres, n'ayant aucun intérêt politique à contredire sur ce point des maximes qui honoroient leur cause, aidèrent par leurs discours à une destruction que les événemens et les mœurs devoient nécessairement amener.

Ce changement a été le germe d'une révolution dans les destinées de l'espèce humaine ; elle lui doit d'avoir pu connoître la véritable liberté. Mais il n'eut d'abord qu'une influence presque insensible sur le sort des individus. On se feroit une fausse idée de la servitude chez les anciens, si on la comparoit à celle de nos noirs. Les Spartiates, les grands de Rome, les satrapes de l'Orient, furent à la vérité des maîtres barbares. L'avarice déployoit toute sa cruauté dans les travaux des mines ; mais presque par-tout, l'intérêt avoit adouci l'esclavage dans les familles particulières. L'impunité des violences commises contre le serf de la glèbe étoit plus grande encore, puisque la loi elle-même en avoit fixé le prix. La dépendance étoit presque égale, sans être compensée par autant de soins et de secours. L'humiliation étoit moins continue ; mais l'orgueil avoit plus d'arrogance. L'esclave étoit un homme condamné par le hasard, à un état auquel le sort de la guerre pouvoit un jour exposer son maître. Le serf étoit un individu d'une classe inférieure et dégradée.

C'est donc principalement dans ses conséquences éloignées, que nous devons considérer cette destruction de l'esclavage domestique.

Toutes ces nations barbares avoient à-peu-près la même constitution ; un chef commun appelé *roi*, qui, avec un conseil, prononçoit des jugemens et donnoit les décisions qu'il eût été dangereux de retarder; une assemblée de chefs particuliers, qui étoit consultée sur toutes les résolutions un peu importantes ; enfin, une assemblée du peuple, où se prenoient les délibérations qui intéressoient le peuple entier. Les différences les plus essentielles étoient dans le plus ou moins d'autorité de ces trois pouvoirs, qui n'étoient pas distingués par la nature de leurs fonctions, mais par celle des affaires, et sur-tout de l'intérêt que la masse des citoyens y avoit attaché.

Chez ces peuples agriculteurs, et sur-tout chez ceux qui avoient déjà formé un premier établissement sur un territoire étranger, ces constitutions avoient pris une forme plus régulière, plus solide que chez les peuples pasteurs. D'ailleurs, la nation y étoit dispersée et non réunie dans des camps plus ou moins nombreux. Ainsi, le roi n'eut point auprès de lui une armée toujours rassemblée ; et le despotisme ne put y suivre presque immédiatement la conquête, comme dans les révolutions de l'Asie.

La nation victorieuse ne fut donc point asservie. En même-temps, ces conquérans conservèrent des villes, mais sans les habiter eux-mêmes. N'étant point contenues par une force armée, puisqu'il n'en existoit point de permanente, elles acquirent une sorte de puissance ; et ce fut un point d'appui pour la liberté de la nation vaincue.

L'Italie fut souvent envahie par les barbares ; mais ils ne purent y former d'établissemens durables, parce que ses richesses excitoient sans cesse l'avarice de nouveaux vainqueurs, et que les Grecs conservèrent long-temps l'espérance de la réunir à leur empire. Jamais elle ne fut asservie par aucun peuple, ni toute entière, ni d'une manière durable. La langue latine, qui y étoit la langue unique du peuple, s'y corrompit plus lentement ; l'ignorance n'y fut pas aussi complète, la superstition aussi stupide que dans le reste de l'Occident.

Rome, qui ne reconnut de maîtres que pour en changer, conservoit une sorte d'indépendance. Elle étoit la résidence du chef de la religion. Ainsi, tandis que, dans l'Orient soumis à un seul prince, le clergé, tantôt gouvernant les empereurs, tantôt conspirant contre eux, soutenoit le despotisme, même en combattant le despote, et aimoit mieux se servir de tout le pouvoir d'un maître absolu que de lui en disputer une partie, on vit au contraire, dans l'Occident, les prêtres, réunis sous un chef commun, élever une puissance rivale de celle des rois, et former dans ces états divisés une sorte de monarchie unique et indépendante.

Nous montrerons cette ville dominatrice essayant sur l'univers les chaînes d'une nouvelle tyrannie ; ses pontifes subjuguant l'ignorante crédulité par des actes grossièrement forgés ; mêlant la religion à toutes les transactions de la vie civile, pour s'en jouer au gré de leur avarice ou de leur orgueil ; punissant d'un anathême terrible, par l'horreur dont il frappoit l'esprit des peuples, la moindre opposition à leurs lois, la moindre résistance à leurs prétentions insensées ; ayant dans tous les états une armée de moines, toujours prêts à exalter par leurs impostures les terreurs superstitieuses, afin de soulever plus puissamment le fanatisme ; privant les nations de leur culte et des cérémonies sur lesquelles s'appuyoient leurs espérances religieuses, pour les exciter à la guerre civile ; troublant tout pour tout dominer ; ordonnant au nom de Dieu la trahison et le parjure, l'assassinat et le parricide ; faisant tour-à-tour des rois et des guerriers les instrumens et les victimes de leurs vengeances ; disposant de la force, mais ne la possédant jamais ; terribles à leurs ennemis, mais tremblans devant leurs propres défenseurs ; tout-puissans aux extrémités de l'Europe, mais impunément outragés au pied même de leurs autels ; ayant bien trouvé dans le ciel le point d'appui du lévier qui devoit remuer le monde, mais n'ayant pas su trouver sur la terre de régulateur qui pût à leur gré en diriger et en conserver l'action; élevant enfin, mais sur des pieds d'argile, un colosse qui, après avoir opprimé l'Europe, devoit encore la fatiguer long-temps du poids de ses débris.

La conquête avoit soumis l'Occident à une anarchie tumultueuse, dans laquelle le peuple gémissoit sous la triple tyrannie des rois, des chefs guerriers et des prêtres : mais cette anarchie portoit dans son sein des germes de liberté. On doit comprendre dans cette portion de l'Europe, les pays où les Romains n'avoient point pénétré. Entraînés dans le mouvement général, conquérans et conquis tour-à-tour, ayant la même origine, les mêmes mœurs que les conquérans de l'empire, ces peuples se confondirent avec eux dans une masse commune. Leur état politique dut éprouver les mêmes changemens et suivre une marche semblable.

Nous tracerons le tableau des révolutions de cette anarchie féodale; nom qui sert à le caractériser.

La législation y fut incohérente et barbare. Si l'on y trouve souvent des lois douces, cette humanité apparente n'étoit qu'une dangereuse impunité. On y observe cependant quelques institutions précieuses, qui ne consacrant à la vérité que les droits des classes opprimantes, étoient un outrage de plus à ceux des hommes, mais qui du moins en conservoient quelque foible idée, et devoient un jour servir de guide pour les reconnoître et les rétablir.

Cette législation présentoit deux usages singuliers, qui caractérisent et l'enfance des nations et l'ignorance des siècles grossiers. Un coupable pouvoit se racheter de la peine pour une somme d'argent fixée par la loi, qui apprécioit la vie des hommes suivant leur dignité ou leur naissance. Les crimes n'étoient pas regardés comme une atteinte à la sûreté, aux droits des citoyens, que la crainte du supplice devoit prévenir, mais comme un outrage fait à un individu, que lui-même ou sa famille avoient droit de venger, et dont la loi leur offroit une réparation plus utile. On avoit si peu d'idée des preuves sur lesquelles la réalité d'un fait peut être appuyée, qu'on trouva plus simple de demander au ciel un miracle, toutes les fois qu'il s'agissoit de distinguer le crime d'avec l'innocence : et le succès d'une épreuve superstitieuse ou le sort d'un combat, furent regardés comme les moyens les plus sûrs de découvrir et de reconnoître la vérité.

Chez des hommes qui confondoient l'indépendance et la liberté, les querelles entre ceux qui dominoient sur une portion même très-petite du territoire, devoient dégénérer en guerres privées ; et ces guerres se faisant de canton à canton, de village à village, livroient habituellement la surface entière de chaque pays, à toutes ces horreurs qui du moins ne sont que passagères dans les grandes invasions, et qui dans les guerres générales ne désolent que les frontières.

Toutes les fois que la tyrannie s'efforce de soumettre la masse d'un peuple à la volonté d'une de ses portions, elle compte parmi ses moyens les préjugés et l'ignorance de ses victimes ; elle cherche à compenser par la réunion, par l'activité d'une force moindre, cette supériorité de force réelle qui semble ne pouvoir cesser d'appartenir au plus grand nombre. Mais le dernier terme de ses espérances, celui auquel elle peut rarement atteindre, c'est d'établir entre les maîtres et les esclaves une différence réelle, qui en quelque sorte rende la nature elle-même complice de l'inégalité politique.

Tel fut, dans les temps reculés, l'art des prêtres orientaux, lorsqu'on les voyoit à la fois rois, pontifes, juges, astronomes, arpenteurs, artistes et médecins. Mais ce qu'ils durent à la possession exclusive des facultés intellectuelles, les tyrans grossiers de nos foibles ancêtres l'obtinrent par leurs institutions et par leurs habitudes guerrières. Couverts d'armes impénétrables, ne combattant que sur des chevaux invulnérables comme eux, ne pouvant acquérir la force et l'adresse nécessaires pour dresser et conduire leurs chevaux, pour supporter et manier leurs armes, que par un long et pénible apprentissage, ils pouvoient opprimer avec impunité, et tuer sans péril l'homme du peuple, qui n'étoit pas assez riche pour se procurer ces armures coûteuses, et dont la jeunesse, réclamée par des travaux utiles, n'avoit pu être consacrée aux exercices militaires.

Ainsi, la tyrannie du petit nombre avoit acquis par l'usage de cette manière de combattre, une supériorité réelle de force, qui devoit prévenir toute idée de résistance, et rendre long-temps inutiles les efforts mêmes du désespoir : ainsi l'égalité de la nature avoit disparu devant cette inégalité factice des forces physiques.

La morale, enseignée par les prêtres seuls, renfermoit ces principes universels qu'aucune secte n'a méconnus; mais elle créoit une foule de devoirs purement religieux, de péchés imaginaires. Ces devoirs étoient plus fortement recommandés que ceux de la nature; et des actions indifférentes, légitimes, souvent même vertueuses, étoient plus sévèrement reprochées et punies, que des crimes réels. Cependant un moment de repentir, consacré par l'absolution d'un prêtre, ouvroit le ciel aux scélérats; des dons à l'église, et quelques pratiques qui flattoient son orgueil, suffisoient pour expier une vie chargée de crimes. On alla même jusqu'à former un tarif de ces absolutions. On comprenoit avec soin parmi ces péchés, depuis les foiblesses les plus innocentes de l'amour, depuis les simples désirs, jusqu'aux raffinemens et aux excès de la débauche la plus crapuleuse. On savoit que presque personne ne pouvoit échapper à cette censure ; et c'étoit une des branches les plus productives du commerce sacerdotal. On imagina jusqu'à un enfer d'une durée limitée, que les prêtres avoient le pouvoir d'abréger, dont ils pouvoient même dispenser; et ils faisoient acheter cette grâce, d'abord aux vivans, ensuite aux parens, aux amis des morts. Ils vendoient des arpens dans le ciel pour un nombre égal d'arpens terrestres ; et ils avoient la modestie de ne pas exiger de retour.

Les mœurs de ces temps malheureux, furent dignes d'un système si profondément corrupteur.

Les progrès de ce même système; des

moines, tantôt inventant d'anciens miracles, tantôt en fabriquant de nouveaux, et nourrissant de fables et de prodiges l'ignorante stupidité du peuple, qu'ils trompoient pour le dépouiller ; des docteurs, employant tout ce qu'ils avoient d'imagination, pour enrichir leur croyance de quelque absurdité nouvelle, et renchérir en quelque sorte sur celles qui leur avoient été transmises; des prêtres forçant les princes à livrer aux flammes, et les hommes qui osoient, ou douter d'un seul de leurs dogmes, ou entrevoir leurs impostures, ou s'indigner de leurs crimes, et ceux qui s'écartoient un moment d'une aveugle obéissance, enfin, jusqu'aux théologiens eux-mêmes, quand ils se permettoient de rêver autrement que des chefs plus accrédités dans l'église... Tels sont, dans cette époque, les seuls traits que les mœurs de la partie occidentale de l'Europe, puissent fournir au tableau de l'espèce humaine.

Dans l'Orient réuni sous un seul despote, nous verrons une décadence plus lente suivre l'affoiblissement graduel de l'empire ; l'ignorance et la corruption de chaque siècle l'emporter de quelques degrés sur l'ignorance et la corruption du siècle précédent; tandis que les richesses diminuoient, que les frontières se rapprochoient de la capitale, que les révolutions étoient plus fréquentes, que la tyrannie étoit plus lâche et plus cruelle.

En suivant l'histoire de cet empire, en lisant les livres que chaque âge a produits, cette correspondance frappera les yeux les moins exercés et les moins attentifs.

Dans l'Orient, le peuple se livroit davantage aux querelles théologiques : elles y occupent une place plus grande dans l'histoire, y influent davantage sur les événemens politiques; les rêveries s'y montrent avec une subtilité que l'Occident jaloux ne pouvoit encore atteindre. L'intolérance religieuse y est aussi oppressive, mais moins féroce.

Cependant, les ouvrages de Photius annoncent, que le goût des études raisonnables n'étoit point éteint. Quelques empereurs, des princes, des princesses mêmes, ne se bornèrent point à l'honneur de briller dans les disputes théologiques, et daignèrent cultiver les lettres humaines.

La législation romaine n'y fut altérée que lentement, par ce mélange des mauvaises lois que l'avidité et la tyrannie dictoient aux empereurs, ou que la superstition arrachoit à leur foiblesse. La langue grecque perdit de sa pureté, de son caractère; mais elle conserva sa richesse, ses formes, sa grammaire; et les habitans de Constantinople pouvoient encore lire Homère et Sophocle, Thucydide et Platon. Anthémius exposoit la construction des miroirs d'Archimède, que Proclus employoit avec succès à la défense de la capitale. A la chute de l'empire, elle renfermoit quelques hommes qui se réfugièrent en Italie, et dont les connoissances y furent utiles au progrès des lumières. Ainsi, à cette époque même, l'Orient n'avoit pas atteint le dernier terme de la barbarie : mais aussi rien n'y présentoit l'espoir d'une restauration. Il devint la proie des barbares ; ces foibles restes disparurent; et l'ancien génie de la Grèce y attend encore un libérateur.

Aux extrémités de l'Asie, et sur les confins de l'Afrique, existoit un peuple qui, par sa position et son courage, avoit échappé

aux

aux conquêtes des Perses, d'Alexandre et des Romains. De ses nombreuses tribus, les unes devoient leur subsistance à l'agriculture ; les autres avoient conservé la vie pastorale : toutes se livroient au commerce, et quelques-unes au brigandage. Réunies par une même origine, par un même langage, par quelques habitudes religieuses, elles formoient une grande nation, dont cependant aucun lien politique n'unissoit les portions diverses. Tout-à-coup s'éleva au milieu d'elles un homme doué d'un ardent enthousiasme et d'une politique profonde, né avec les talens d'un poète et ceux d'un guerrier. Il conçoit le hardi projet de réunir en un seul corps les tribus arabes, et il a le courage de l'exécuter. Pour donner un chef à une nation jusqu'alors indomptée, il commence par élever sur les débris de l'ancien culte une religion plus épurée. Législateur, prophète, pontife, juge, général d'armée, tous les moyens de subjuguer les hommes sont entre ses mains, et il sait les employer avec habileté, mais avec grandeur.

Il débite un ramas de fables qu'il dit

avoir reçues du ciel ; mais il gagne des batailles. La prière et les plaisirs de l'amour partagent ses momens. Après avoir joui vingt ans d'un pouvoir sans bornes, dont il n'existe point d'autre exemple, il déclare que, s'il a commis une injustice, il est prêt à la réparer. Tout se taît : une seule femme ose réclamer une petite somme de monnoie. Il meurt ; et l'enthousiasme qu'il a communiqué à son peuple, va changer la face des trois parties du monde.

Les mœurs des Arabes avoient de l'élévation et de la douceur ; ils aimoient et cultivoient la poésie : et lorsqu'ils régnèrent sur les plus belles contrées de l'Asie, lorsque le temps eut calmé la fièvre du fanatisme religieux, le goût des lettres et des sciences vint se mêler à leur zèle pour la propagation de la foi, et tempérer leur ardeur pour les conquêtes.

Ils étudièrent Aristote, dont ils traduisirent les ouvrages. Ils cultivèrent l'astronomie, l'optique, toutes les parties de la médecine, et enrichirent ces sciences de quelques vérités nouvelles. On leur doit d'avoir généralisé l'usage de l'algèbre, borné chez les Grecs à une seule classe de questions. Si la recherche chimérique d'un secret de transformer les métaux, et d'un breuvage d'immortalité, souilla leurs travaux chimiques, ils furent les restaurateurs, ou plutôt les inventeurs de cette science, jusqu'alors confondue avec la pharmacie ou l'étude des procédés des arts. C'est chez eux qu'elle paroît, pour la première fois, comme analyse des corps dont elle fait connoître les élémens, comme théorie de leurs combinaisons, et des lois auxquelles ces combinaisons sont assujetties.

Les sciences y étoient libres, et ils durent à cette liberté d'avoir pu ressusciter quelques étincelles du génie des Grecs; mais ils étoient soumis à un despotisme consacré par la religion. Aussi cette lumière ne brilla-t-elle quelques momens que pour faire place aux plus épaisses ténèbres; et ces travaux des Arabes auroient été perdus pour le genre humain, s'ils n'avoient pas servi à préparer cette restauration plus durable, dont l'occident va nous offrir le tableau.

L'on vit donc, pour la seconde fois, le génie abandonner les peuples qu'il avoit éclairés ; mais c'est encore devant la tyrannie et la superstition qu'il est forcé de disparaître. Né dans la Grèce, à côté de la liberté, il n'a pu ni en arrêter la chute, ni défendre la raison contre les préjugés des peuples, déjà dégradés par l'esclavage. Né chez les Arabes dans le sein du despotisme, et près du berceau d'une religion fanatique, il n'a été, comme le caractère généreux et brillant de ce peuple, qu'une exception passagère aux lois générales de la nature, qui condamnent à la bassesse et à l'ignorance les nations asservies et superstitieuses.

Ainsi ce second exemple ne doit pas nous effrayer sur l'avenir ; mais seulement il avertit nos contemporains de ne rien négliger pour conserver, pour augmenter les lumières, s'ils veulent devenir ou demeurer libres ; et de maintenir leur liberté, s'ils ne veulent pas perdre les avantages que les lumières leur ont procurés.

Je joindrai à l'histoire des travaux des Arabes, celle de l'élévation rapide et de la chute précipitée de cette nation, qui, après avoir régné des bords de l'Océan atlantique aux rives de l'Indus, chassée par les Barbares de la plus grande partie de ses conquêtes, n'ayant conservé les autres que pour y présenter le spectacle hideux d'un peuple dégénéré jusqu'au dernier terme de la servitude, de la corruption, de la misère, occupe encore son ancienne patrie, y a conservé ses mœurs, son esprit, son caractère, et a su y reconquérir, y défendre son ancienne indépendance.

J'exposerai comment la religion de Mahomet, la plus simple dans ses dogmes, la moins absurde dans ses pratiques, la plus tolérante dans ses principes, semble condamner à un esclavage éternel, à une incurable stupidité, toute cette vaste portion de la terre où elle a étendu son empire; tandis que nous allons voir briller le génie des sciences et de la liberté sous les superstitions les plus absurdes, au milieu de la plus barbare intolérance. La Chine nous offre le même phénomène, quoique les effets de ce poison abrutissant y ayent été moins funestes.

L 3

SEPTIEME EPOQUE.

Depuis les premiers progrès des sciences vers leur restauration dans l'Occident, jusqu'à l'invention de l'imprimerie.

Plusieurs causes ont contribué à rendre par degrés à l'esprit humain cette énergie, que des chaînes si honteuses et si pesantes sembloient devoir comprimer pour toujours.

L'intolérance des prêtres, leurs efforts pour s'emparer des pouvoirs politiques, leur avidité scandaleuse, le désordre de leurs mœurs, rendu plus révoltant par leur hypocrisie, devoient soulever contre eux les ames pures, les esprits sains, les caractères courageux. On étoit frappé de la contradiction de leurs dogmes, de leurs maximes, de leur conduite, avec ces mêmes évangiles, premier fondement de leur doctrine comme de leur morale, et dont ils n'avoient pu cacher entièrement la connoissance au peuple.

Il s'éleva donc contre eux des réclamations puissantes. Dans le midi de la France, des provinces entières se réunirent pour adopter une doctrine plus simple, un christianisme plus épuré, où l'homme, soumis à la divinité seule, jugeroit, d'après ses propres lumières, de ce qu'elle a daigné révéler dans les livres émanés d'elle.

Des armées fanatiques, dirigées par des chefs ambitieux, dévastèrent ces provinces. Les bourreaux, conduits par des légats et des prêtres, immolèrent ceux que les soldats avoient épargnés. On établit un tribunal de moines, chargé d'envoyer au bûcher quiconque seroit soupçonné d'écouter encore sa raison.

Cependant ils ne purent empêcher cet esprit de liberté et d'examen de faire sourdement des progrès. Réprimé dans le pays où il osoit se montrer, où plus d'une fois l'intolérante hypocrisie alluma des guerres sanglantes, il se reproduisoit, il se répandoit en secret dans une autre contrée. On le retrouve à toutes les époques, jusqu'au moment où, secondé par l'invention de l'*Imprimerie*, il fut assez puissant pour délivrer une partie de l'Europe du joug de la cour de Rome.

Déja il existoit même une classe d'hommes qui, supérieurs à toutes les superstitions, se contentoient de les mépriser en secret, ou se permettoient tout au plus de répandre sur elles, en passant, quelques traits d'un ridicule rendu plus piquant par un voile de respect, dont ils avoient soin de le couvrir. La plaisanterie obtenoit grâce pour ces hardiesses, qui, semées avec précaution dans les ouvrages destinés à l'amusement des grands ou des lettrés, mais ignorés du peuple, ne réveilloient pas la haine des persécuteurs.

Frédéric II fut soupçonné d'être ce que nos prêtres du dix-huitième siècle ont depuis appelé un *Philosophe*. Le pape l'accusa, devant toutes les nations, d'avoir traité de fables politiques les religions de Moïse, de Jésus et de Mahomet. On attribuoit à son chancelier Pierre des Vignes, le livre imaginaire des *Trois Imposteurs*. Mais le titre seul annonçoit l'existence d'une opinion, résultat bien naturel de l'examen de ces trois croyances, qui, nées de la même source, n'étoient que la corruption d'un culte plus pur rendu par des peuples plus anciens à l'ame universelle du monde.

Les recueils de nos fabliaux, le Décaméron de Bocace, sont pleins de traits qui respirent cette liberté de penser, ce mépris des préjugés, cette disposition à en faire le sujet d'une dérision maligne et secrète.

Ainsi cette époque nous présente de paisibles contempteurs de toutes les superstitions, à côté des réformateurs enthousiastes de leurs abus les plus grossiers ; et nous pourrons presque lier l'histoire de ces réclamations obscures, de ces protestations en faveur des droits de la raison, à celle des derniers philosophes de l'école d'Alexandrie.

Nous examinerons si, dans un temps où le prosélytisme philosophique eût été si dangereux, il ne se forma point des sociétés secrètes destinées à perpétuer, à répandre sourdement et sans danger, parmi quelques adeptes, un petit nombre de vérités simples, comme de sûrs préservatifs contre les préjugés dominateurs.

Nous chercherons si l'on ne doit point placer au nombre de ces sociétés cet ordre célèbre, contre lequel les papes et les rois conspirèrent avec tant de bassesse, et qu'ils détruisirent avec tant de barbarie.

Les prêtres étoient obligés d'étudier, soit pour se défendre, soit pour couvrir de quelques prétextes leurs usurpations sur la puissance séculière, et se perfectionner dans l'art de fabriquer des pièces supposées. D'un autre côté, pour soutenir avec moins de désavantage cette guerre, où les prétentions s'appuyoient sur l'autorité et sur les exemples, les rois favorisèrent des écoles où pussent se former les jurisconsultes, qu'ils avoient besoin d'opposer aux prêtres.

Dans ces disputes entre le clergé et les gouvernemens, entre le clergé de chaque pays et le chef de l'église, ceux qui avoient un esprit plus juste, un caractère plus franc, plus élevé, combattirent pour la cause des hommes contre celle des prêtres, pour la cause du clergé national contre le despotisme du chef étranger. Ils attaquèrent ces abus, ces usurpations dont ils cherchoient à dévoiler l'origine. Cette hardiesse ne nous paroît aujourd'hui qu'une timidité servile ; nous rions de voir prodiguer tant de travaux pour prouver ce que le simple bon sens devoit apprendre : mais ces vérités, alors nouvelles, décidoient souvent du sort d'un peuple ; ces hommes les cherchoient avec une ame indépendante ; ils les défendoient avec courage : et c'est par eux que la raison humaine a commencé à se ressouvenir de ses droits et de sa liberté.

Dans les querelles qui s'élevoient entre des rois et les seigneurs, les premiers s'assurèrent l'appui des grandes villes, ou par les priviléges, ou par la restauration de quelques-uns des droits naturels de l'homme ; ils cherchèrent, par des affranchissemens, à multiplier celles qui jouiroient du droit de commune. Ces mêmes hommes, qui renaissoient à la liberté, sentirent combien il leur importoit d'acquérir, par l'étude des lois, par celle de l'histoire, une habileté, une autorité d'opinion qui les aidât à contre-balancer la puissance militaire de la tyrannie féodale.

La rivalité des empereurs et des papes empêcha l'Italie de se réunir sous un maître, et y conserva un grand nombre de sociétés indépendantes. Dans les petits états, on a besoin d'ajouter le pouvoir de la persuasion à celui de la force, d'employer la négociation aussi souvent que les armes : et, comme cette guerre politique y avoit pour principe une guerre d'opinion, comme jamais l'Italie n'avoit absolument perdu le goût de l'étude, elle devoit être, pour l'Europe, un foyer de lumière, foible encore, mais qui promettoit de s'accroître avec rapidité.

Enfin, l'enthousiasme religieux entraîna les Occidentaux à la conquête des lieux consacrés, à ce qu'on disoit, par la mort et par les miracles du Christ : et en même temps que cette fureur étoit favorable à la liberté, par l'affoiblissement et l'appauvrissement des seigneurs, elle étendoit les relations des peuples européens avec les Arabes, liaisons que déjà leur mélange avec les chrétiens d'Espagne avoit formées, que le commerce de Pise, de Gênes, de Venise, avoit cimentées. On apprit la langue des Arabes ; on lut leurs ouvrages ; on s'instruisit d'une partie de leurs découvertes : et si l'on ne s'éleva point au-dessus du point où ils avoient laissé les sciences, on eut du moins l'ambition de les égaler.

Ces guerres, entreprises pour la superstition, servirent à la détruire. Le spectacle de plusieurs religions finit par inspirer aux hommes de bon sens une égale indifférence pour ces croyances également impuissantes contre les vices ou les passions des hommes, un mépris égal pour l'attachement également sincère, également opiniâtre de leurs sectateurs à des opinions contradictoires.

Il s'étoit formé en Italie des républiques, dont quelques-unes avoient imité les formes des républiques grecques, tandis que les autres essayèrent de concilier avec la servitude, dans un peuple sujet, la liberté, l'égalité démocratique d'un peuple souverain. En Allemagne, dans le Nord, quelques villes obtenant une indépendance presqu'entière, se gouvernèrent par leurs propres lois. Dans quelques portions de l'Helvétie, le peuple brisa les fers de la féodalité, comme ceux du pouvoir royal. Dans presque tous les grands états, on vit naître des constitutions imparfaites, où l'autorité de lever des subsides, de faire des lois nouvelles, fut partagée, tantôt entre le roi, les nobles, le clergé et le peuple, tantôt entre le roi, les barons et les communes; où le peuple, sans sortir encore de l'humiliation, étoit du moins à l'abri de l'oppression ; où ce qui compose vraiment les nations, étoit appelé au droit de défendre ses intérêts, et d'être entendu de ceux qui régloient ses destinées. En Angleterre, un acte célèbre, solemnellement juré par le roi et par les grands, garantit les droits des barons, et quelques-uns de ceux des hommes.

D'autres peuples, des provinces, des villes mêmes, obtinrent aussi des chartes semblables, moins célèbres et moins bien défendues. Elles sont l'origine de ces déclarations des droits, regardées aujourd'hui par tous les hommes éclairés comme la base de la liberté, et dont les anciens n'avoient pas conçu, ne pouvoient concevoir l'idée, parce que l'esclavage domestique souilloit leurs constitutions ; que chez eux, le droit de citoyen étoit héréditaire, ou conféré par une adoption volontaire ; et qu'ils ne s'étoient pas élevés jusqu'à la connoissance de ces droits inhérens à l'espèce humaine, et appartenans à tous les hommes avec une entière égalité.

En France, en Angleterre, chez quelques autres grandes nations, le peuple parut vouloir ressaisir ses véritables droits ; mais aveuglé par le sentiment de l'oppression, plutôt qu'éclairé par la raison, des violences, bientôt expiées par des vengeances plus barbares, et sur-tout plus injustes, et des pillages suivis d'une misère plus grande, furent le fruit unique de ses efforts.

Cependant, chez les Anglois, les principes du réformateur Wicleff avoient été le motif d'un de ces mouvemens dirigés par quelques-uns de ses disciples, présage des tentatives plus suivies et mieux combinées, que les peuples devoient faire sous d'autres réformateurs, dans un siècle plus éclairé.

La découverte d'un manuscrit du code de Justinien, fit renaître l'étude de la jurisprudence, comme celle de la législation, et servit à rendre moins barbare, celle même des peuples qui surent en profiter, sans vouloir s'y soumettre.

Le commerce de Pise, de Gênes, de Florence, de Venise, des cités de la Belgique, de quelques villes libres d'Allemagne, embrassoit la Méditerranée, la Baltique et les côtes de l'océan européen. Leurs négocians allèrent chercher les denrées précieuses du Levant dans les ports de l'Egypte, et aux extrémités de la Mer-Noire.

La politique, la législation, l'économie publique, n'étoient pas encore des sciences; on ne s'occupoit point d'en chercher, d'en approfondir, d'en développer les principes; mais en commençant à s'éclairer par l'expérience, on rassembloit les observations
qui

qui pouvoient y conduire ; on s'instruisoit des intérêts qui devoient en faire sentir le besoin.

On ne connut d'abord Aristote que par une traduction faite d'après l'Arabe ; et sa philosophie, persécutée dans les premiers instans, régna bientôt dans toutes les écoles : elle n'y porta point la lumière ; mais elle y donna plus de régularité, plus de méthode à cet art de l'argumentation, que les disputes théologiques avoient enfanté. Cette scolastique ne conduisoit pas à la découverte de la vérité ; elle ne servoit même pas à en discuter, à bien en apprécier les preuves ; mais elle aiguisoit les esprits : et ce goût des distinctions subtiles, cette nécessité de diviser sans cesse les idées, d'en saisir les nuances fugitives, de les représenter par des mots nouveaux, tout cet appareil employé pour embarrasser un ennemi dans la dispute, ou pour échapper à ses piéges, fut la première origine de cette analyse philosophique, qui depuis a été la source féconde de nos progrès.

Nous devons à ces scolastiques des notions plus précises sur les idées qu'on peut se former de l'être suprême et de ses attributs ; sur la distinction entre la cause première et l'univers qu'elle est supposée gouverner ; sur celle de l'esprit et de la matière ; sur les différens sens que l'on peut attacher au mot *liberté* ; sur ce qu'on entend par la *création* ; sur la manière de distinguer entre elles les diverses opérations de l'esprit humain, et de classer les idées qu'il se forme des objets réels et de leurs propriétés.

Mais cette même méthode ne pouvoit que retarder dans les écoles le progrès des sciences naturelles. Quelques recherches anatomiques ; des travaux obscurs sur la chimie, uniquement employés à chercher le grand-œuvre ; des études sur la géométrie, l'algèbre, qui ne s'élevèrent, ni jusqu'à savoir tout ce que les Arabes avoient découvert, ni jusqu'à entendre les ouvrages des anciens ; enfin des observations, des calculs astronomiques qui se bornoient à former, à perfectionner des tables, et que souilloit un ridicule mélange d'astrologie; tel est le tableau que ces sciences présentent.

Cependant les arts mécaniques commencèrent à se rapprocher de la perfection qu'ils avoient conservée en Asie. La culture de la soie s'introduisoit dans les pays méridionaux de l'Europe ; les moulins à vent, les papeteries, s'y étoient établis ; l'art de mesurer le temps y avoit passé les limites, où il s'étoit arrêté chez les anciens et chez les Arabes. Enfin deux découvertes importantes marquent cette même époque. La propriété qu'a l'aimant de se diriger vers un même point du ciel, propriété connue des Chinois, et même employée par eux à guider les vaisseaux, fut aussi observée en Europe. On y apprit à se servir de la boussole, dont l'usage y augmenta l'activité du commerce, y perfectionna l'art de la navigation, y donna l'idée de ces voyages, qui depuis ont fait connoître un monde nouveau, et permis à l'homme de porter ses regards sur toute l'étendue du globe où il est placé. Un chimiste, en mêlant le salpêtre à une matière inflammable, trouva le secret de cette poudre, qui a produit une révolution inattendue dans l'art de la guerre. Malgré les effets terribles des armes à feu, en éloignant les combattans, elles ont rendu la guerre moins meurtrière et les guerriers moins féroces. Les expéditions militaires sont plus dispendieuses ; la richesse peut balancer la force : les nations même les plus belliqueuses sentent le besoin de se préparer, de s'assurer les moyens de combattre, en s'enrichissant par le commerce et les arts. Les peuples policés n'ont plus à craindre le courage aveugle des nations barbares. Les grandes conquêtes, et les révolutions qui les suivent, sont devenues presque impossibles..

Cette supériorité, qu'une armure de fer, que l'art de conduire un cheval presque invulnérable, de manier la lance, la massue ou l'épée, donnoit à la noblesse sur le peuple, a fini par disparoître totalement : et la destruction de ce dernier obstacle à la liberté des hommes, à leur égalité réelle, est due à une invention, qui sembloit, au premier coup-d'œil, menacer d'anéantir la race humaine.

En Italie, la langue étoit parvenue presqu'à sa perfection vers le quatorzième siècle. Le Dante est souvent noble, précis, énergique. Bocace a de la grâce, de la simplicité, de l'élégance. L'ingénieux et sensible Pétrarque n'a point vieilli. Dans cette contrée, dont l'heureux climat se rapproche de celui de la Grèce, on étudioit les modèles de l'antiquité; on essayoit de transporter dans la langue nouvelle quelques-unes de leurs beautés; on tâchoit de les imiter dans la leur. Déjà quelques essais faisoient espérer que, réveillé par la vue des monumens antiques, instruit par ces muettes mais éloquentes leçons, le génie des arts alloit, pour la seconde fois, embellir l'existence de l'homme, et lui préparer ces plaisirs purs dont la jouissance est égale pour tous, et s'accroît à mesure qu'elle se partage.

Le reste de l'Europe suivoit de loin; mais le goût des lettres et de la poésie y commençoit du moins à polir les langues encore barbares.

Les mêmes motifs, qui avoient forcé les esprits à sortir de leur longue léthargie, devoient aussi diriger leurs efforts. La raison ne pouvoit être appelée à décider les questions, que les intérêts opposés forçoient d'agiter : la religion, loin de reconnoître son autorité, prétendoit la soumettre, et se vantoit de l'humilier ; la politique regardoit comme juste ce qui étoit consacré par des conventions, par un usage constant, par des coutumes anciennes.

On ne se doutoit pas que les droits des hommes fussent écrits dans le livre de la nature, et qu'en consulter d'autres ce fût les méconnoître et les outrager. C'étoit dans les livres sacrés, dans les auteurs respectés, dans les bulles des papes, dans les rescrits des rois, dans les recueils des coutumes, dans les annales des églises, qu'on cherchoit les maximes ou les exemples, dont il pouvoit être permis de tirer des conséquences. Il ne s'agissoit pas d'examiner un principe en lui-même, mais d'interpréter, de discuter, de détruire ou de fortifier par d'autres textes ceux sur lesquels on l'appuyoit. On n'adoptoit pas une proposition parce qu'elle étoit vraie, mais parce qu'elle étoit écrite dans un tel livre, et qu'elle avoit été admise dans tel pays et depuis tel siècle.

Ainsi, par tout l'autorité des hommes étoit substituée à celle de la raison. On étudioit les livres beaucoup plus que la nature, et les opinions des anciens plutôt que les phénomènes de l'univers. Cet esclavage de l'esprit, dans lequel même on n'avoit pas encore la ressource d'une critique éclairée, fut alors plus nuisible aux progrès de l'espèce humaine, en corrompant la méthode d'étudier, que par ses effets immédiats. On étoit si loin d'avoir atteint les anciens, qu'il n'étoit pas temps encore de chercher à les corriger ou à les surpasser.

Les mœurs conservèrent, durant cette époque, leur corruption et leur férocité; l'intolérance religieuse fut même plus active; et les discordes civiles, les guerres perpétuelles d'une foule de petits princes remplacèrent les invasions des barbares, et le fléau plus funeste des guerres privées. A la vérité, la galanterie des menestrels et des troubadours, l'institution d'une chevalerie, professant la générosité et la franchise, se dévouant au maintien de la religion et à la défense des opprimés, comme au service des dames, sembloient devoir donner aux mœurs plus de douceur, de décence et d'élévation. Mais ce changement, borné aux cours et aux châteaux, n'atteignit pas la masse du peuple. Il en résultoit un peu plus d'égalité entre les nobles, moins de perfidie et de cruauté dans leurs relations entr'eux ; mais leur mépris pour le peuple, la violence de leur tyrannie, l'audace de leur brigandage, restèrent les mêmes ; et les nations, également opprimées, furent également ignorantes, barbares et corrompues.

Cette galanterie poétique et militaire, cette chevalerie, dues en grande partie aux Arabes, dont la générosité naturelle résista long-temps en Espagne à la superstition et au despotisme, furent sans doute utiles : elles répandirent des germes d'humanité, qui ne devoient fructifier que dans des temps plus heureux ; et ce fut le caractère général de cette époque, d'avoir disposé l'esprit humain pour la révolution, que la découverte de l'imprimerie devoit amener, et d'avoir préparé la terre, que les âges suivans devoient couvrir d'une moisson si riche et si abondante.

HUITIEME ÉPOQUE.

Depuis l'invention de l'imprimerie, jusqu'au temps où les sciences et la philosophie secouèrent le joug de l'autorité.

Ceux qui n'ont pas réfléchi sur la marche de l'esprit humain dans la découverte, soit des vérités des sciences, soit des procédés des arts, doivent s'étonner qu'un si long espace de temps ait séparé la connoissance de l'art d'imprimer les dessins, et la découverte de celui d'imprimer des caractères.

Sans doute quelques graveurs de planches avoient eu l'idée de cette application de leur art; mais ils avoient été plus frappés de la difficulté de l'exécution que des avantages du succès : et il est même heureux qu'on n'ait pu en soupçonner toute l'étendue; car les prêtres et les rois se seroient unis pour étouffer, dès sa naissance, l'ennemi qui devoit les démasquer et les détrôner.

L'imprimerie multiplie indéfiniment, et à peu de frais, les exemplaires d'un même ouvrage. Dès-lors la faculté d'avoir des livres, d'en acquérir, suivant son goût et ses besoins, a existé pour tous ceux qui savent lire ; et cette facilité de la lecture a augmenté et propagé le désir et les moyens de s'instruire.

Ces copies multipliées se répandant avec une rapidité plus grande, non-seulement les faits, les découvertes, acquièrent une publicité plus étendue ; mais elles l'acquièrent avec une plus grande promptitude. Les lumières sont devenues l'objet d'un commerce actif, universel.

On étoit obligé de chercher les manuscrits, comme aujourd'hui nous cherchons les ouvrages rares. Ce qui n'étoit lu que de quelques individus, a donc pu l'être d'un peuple entier, et frapper presqu'en même temps tous les hommes qui entendoient la même langue.

On a connu le moyen de parler aux nations dispersées. On a vu s'établir une nouvelle espèce de tribune, d'où se communiquent des impressions moins vives, mais plus profondes ; d'où l'on exerce un empire moins tyrannique sur les passions, mais en obtenant sur la raison une puissance plus sûre et plus durable ; où tout l'avantage est pour la vérité ; puisque l'art n'a perdu sur les moyens de séduire qu'en gagnant sur ceux d'éclairer. Il s'est formé une opinion publique, puissante par le nombre de ceux qui la partagent ; énergique, parce que les motifs qui la déterminent, agissent à la fois sur tous les esprits, même à des distances très-éloignées. Ainsi l'on a vu s'élever, en faveur de la raison et de la justice, un tribunal indépendant de toute puissance humaine ; auquel il est difficile de rien cacher et impossible de se soustraire.

Les méthodes nouvelles ; l'histoire des premiers pas dans la route qui doit conduire à une découverte ; les travaux qui la préparent, les vues qui peuvent en donner l'idée ou seulement inspirer le désir de la chercher, se répandant avec promptitude, offrent à chaque individu l'ensemble des moyens que les efforts de tous ont pu créer; et, par ces mutuels secours, le génie semble avoir plus que doublé ses forces.

Toute erreur nouvelle est combattue dès sa naissance : souvent attaquée avant même d'avoir pu se propager, elle n'a point le temps de pouvoir s'enraciner dans les esprits. Celles qui, reçues dès l'enfance, se sont en quelque sorte identifiées avec la raison de chaque individu, que les terreurs ou l'espérance ont rendues chères aux ames foibles, ont été ébranlées par cela seul qu'il est devenu impossible d'en empêcher la discussion, de cacher qu'elles pouvoient être rejetées et combattues, de s'opposer aux progrès des vérités qui, de conséquences en conséquences, doivent à la longue en faire reconnoître l'absurdité.

C'est à l'imprimerie que l'on doit la possibilité de répandre les ouvrages, que sollicitent les circonstances du moment, ou les mouvemens passagers de l'opinion, et par là d'intéresser à chaque question qui se discute dans un point unique, l'universalité des hommes qui parlent une même langue.

Sans le secours de cet art, auroit-on pu multiplier ces livres destinés à chaque classe d'hommes, à chaque degré d'instruction ? Les discussions prolongées, qui seules peuvent porter une lumière sûre dans les questions douteuses, et affermir sur une base inébranlable ces vérités trop abstraites, trop subtiles, trop éloignées des préjugés du peuple ou de l'opinion commune des savans, pour ne pas être bientôt oubliées et méconnues; les livres purement élémentaires, les dictionnaires, les ouvrages où l'on rassemble, avec tous leurs détails, une multitude de faits, d'observations, d'expériences, où toutes les preuves sont développées, tous les doutes discutés; ces collections précieuses qui renferment, tantôt tout ce qui a été observé, écrit, pensé, sur une branche particulière des sciences, tantôt le résultat des travaux annuels de tous les savans d'un même pays; ces tables, ces tableaux de toute espèce, dont les uns offrent aux yeux des résultats que l'esprit n'auroit saisis qu'avec un travail pénible, les autres montrent à volonté le fait, l'observation, le nombre, la formule, l'objet qu'on a besoin de connoître, tandis que d'autres enfin présentent, sous une forme commode, dans un ordre méthodique, les matériaux dont le génie doit tirer des vérités nouvelles : tous ces moyens de rendre la marche de l'esprit humain plus rapide, plus sûre, et plus facile, sont encore des bienfaits de l'imprimerie.

Nous en montrerons de nouveaux encore, lorsque nous analyserons les effets de la substitution des langues nationales, à l'usage presque exclusif, pour les sciences, d'une langue commune aux savans de tous les pays.

Enfin l'imprimerie n'a-t-elle pas affranchi l'instruction des peuples, de toutes les chaînes politiques et religieuses ? En vain l'un ou l'autre despotisme auroit-il envahi toutes les écoles ; en vain auroit-il, par des institutions sévères, invariablement fixé de quelles erreurs il prescrivoit d'infecter les esprits, de quelles vérités il ordonnoit de les préserver ; en vain les chaires, consacrées à l'instruction morale du peuple ou à celle de la jeunesse dans la philosophie et dans les sciences, seroient-elles condamnées à ne transmettre jamais qu'une doctrine favorable au maintien de cette double tyrannie : l'imprimerie peut encore répandre une lumière indépendante et pure. Cette instruction, que chaque homme peut recevoir par les livres dans le silence et la solitude, ne peut être universellement corrompue : il suffit qu'il existe un coin de terre libre, où la presse puisse en charger ses feuilles. Comment, dans cette multitude de livres divers, d'exemplaires d'un même livre, de réimpressions, qui en quelques instans le multiplient de nouveau, pourra-t-on fermer assez exactement toutes les portes, par lesquelles la vérité cherche à s'introduire ? Ce qui étoit difficile, même lorsqu'il ne s'agissoit que de détruire quelques exemplaires d'un manuscrit pour l'anéantir sans retour, lorsqu'il suffisoit de proscrire une vérité, une opinion, pendant quelques années, pour la dévouer à un éternel oubli, n'est-il pas devenu impossible, aujourd'hui qu'il faudroit employer une vigilance sans cesse renouvelée, une activité qui ne se reposât jamais ? Comment, si même on parvenoit à écarter ces vérités trop palpables, qui blessent directement les intérêts des inquisiteurs, empêcheroit-on de pénétrer, de se répandre, celles qui renferment ces vérités proscrites, sans trop les laisser appercevoir, qui les préparent, qui doivent un jour y conduire ? Le pourroit-on, sans être forcé de quitter ce masque d'hypocrisie, dont la chute seroit presqu'aussi funeste que la vérité, à la puissance de l'erreur ? Aussi verrons-nous la raison triompher de ces vains efforts; nous la verrons, dans cette guerre, toujours renaissante et souvent cruelle, triompher de la violence comme de la ruse; braver les bûchers et résister à la séduction, écrasant tour-à-tour sous sa main toute-puissante, et l'hypocrisie fanatique, qui exige pour ses dogmes une adoration sincère; et l'hypocrisie politique qui conjure à genoux de souffrir qu'elle profite en paix des erreurs, dans lesquelles il est, à l'en croire, aussi utile aux peuples qu'à elle-même de les laisser à jamais plongés.

L'INVENTION de l'imprimerie coïncide
presque

presque avec deux autres événemens, dont l'un a exercé une action immédiate sur les progrès de l'esprit humain, tandis que l'influence de l'autre sur la destinée de l'humanité entière ne doit avoir de terme que sa durée.

Je parle de la prise de Constantinople par les Turcs, et de la découverte, soit du nouveau monde, soit de la route qui a ouvert à l'Europe une communication directe avec les parties orientales de l'Afrique et de l'Asie.

Les littérateurs grecs, fuyant la domination tartare, cherchèrent un asile en Italie. Ils enseignèrent à lire, dans leur langue originale, les poètes, les orateurs, les historiens, les philosophes, les savans de l'ancienne Grèce ; ils en multiplièrent d'abord les manuscrits, et bientôt après les éditions. On ne se borna plus à l'adoration de ce qu'on étoit convenu d'appeler la doctrine d'Aristote ; on chercha dans ses propres écrits ce qu'elle avoit été réellement ; on osa la juger et la combattre ; on lui opposa Platon : et c'étoit avoir déjà commencé à secouer le joug, que de se croire le droit de se choisir un maître.

La lecture d'Euclide, d'Archimède, de Diophante, d'Hippocrate, du livre des animaux, de la physique même d'Aristote, ranimèrent le génie de la géométrie et de la physique ; et les opinions anti-chrétiennes des philosophes, réveillèrent les idées presqu'éteintes des anciens droits de la raison humaine.

Des hommes intrépides, guidés par l'amour de la gloire et la passion des découvertes, avoient reculé pour l'Europe les bornes de l'univers, lui avoient montré un nouveau ciel, et ouvert des terres inconnues. Gama avoit pénétré dans l'Inde, après avoir suivi avec une infatigable patience l'immense étendue des côtes africaines ; tandis que Colomb, s'abandonnant aux flots de l'océan atlantique, avoit atteint ce monde jusqu'alors inconnu, qui s'étend entre l'occident de l'Europe, et l'orient de l'Asie.

Si ce sentiment, dont l'inquiète activité,

embrassant dès-lors tous les objets, présageoit les grands progrès de l'espèce humaine, si une noble curiosité avoit animé les héros de la navigation, une basse et cruelle avidité, un fanatisme stupide et féroce dirigeoit les rois et les brigands qui devoient profiter de leurs travaux. Les êtres infortunés qui habitoient ces contrées nouvelles ne furent point traités comme des hommes, parce qu'ils n'étoient pas des chrétiens. Ce préjugé, plus avilissant pour les tyrans que pour les victimes, étouffoit toute espèce de remords, abandonnoit sans frein à leur soif inextinguible d'or et de sang, ces hommes avides et barbares que l'Europe vomissoit de son sein. Les ossemens de cinq millions d'hommes ont couvert ces terres infortunées, où les Portugais et les Espagnols portèrent leur avarice, leurs superstitions et leur fureur. Ils déposeront jusqu'à la fin des siècles contre cette doctrine de l'utilité politique des religions, qui trouve encore parmi nous des apologistes.

C'est à cette époque seulement que l'homme a pu connoître le globe qu'il habite, étudier, dans tous les pays, l'espèce humaine, modifiée par la longue influence des causes naturelles ou des institutions sociales ; observer les productions de la terre ou des mers dans toutes les températures, dans tous les climats. Ainsi, les ressources de toute espèce, que ces productions offrent aux hommes, encore si éloignés d'en avoir épuisé, d'en soupçonner même l'entière étendue, tout ce que la connoissance de ces objets peut ajouter aux sciences, de vérités nouvelles, et détruire d'erreurs accréditées ; l'activité du commerce, qui a fait prendre un nouvel essor à l'industrie, à la navigation, et, par un enchaînement nécessaire, à toutes les sciences comme à tous les arts ; la force que cette activité a donnée aux nations libres pour résister aux tyrans, aux peuples asservis pour briser leurs fers, pour relâcher du moins ceux de la féodalité ; telles ont été les conséquences heureuses de ces découvertes. Mais ces avantages n'auront expié ce qu'ils ont coûté à l'humanité, qu'au moment où l'Europe, renonçant au système oppresseur et mesquin d'un commerce de monopole, se souviendra que les hommes de tous les climats, égaux et frères par le vœu de la nature, n'ont point été formés par elle pour nourrir l'orgueil et l'avarice de quelques nations privilégiées ; où, mieux éclairée sur ses véritables intérêts, elle appelera tous les peuples au partage de son indépendance, de sa liberté et de ses lumières. Malheureusement, il faut se demander encore si cette révolution sera le fruit honorable des progrès de la philosophie, ou seulement, comme nous l'avons vu déjà, la suite honteuse des jalousies nationales et des excès de la tyrannie.

Jusqu'à cette époque, les attentats du sacerdoce avoient été impunis. Les réclamations de l'humanité opprimée, de la raison outragée, avoient été étouffées dans le sang et dans les flammes. L'esprit qui avoit dicté ces réclamations n'étoit pas éteint ; mais ce silence de la terreur enhardissoit à de nouveaux scandales. Enfin, celui d'affermer à des moines, de faire vendre par eux dans les cabarets, dans les places publiques, l'expiation des péchés, causa une explosion nouvelle. Luther, tenant d'une main les livres sacrés, montroit de l'autre le droit que s'arrogeoit le pape, d'absoudre du crime et d'en vendre le pardon ; l'insolent despotisme qu'il exerçoit sur les évêques, long-temps ses égaux ; la cène fraternelle des premiers chrétiens, devenue, sous le nom de *messe*, une espèce d'opération magique et un objet de commerce ; les prêtres condamnés à la corruption d'un célibat irrévocable ; cette loi barbare ou scandaleuse s'étendant à ces moines, à ces religieuses, dont l'ambition pontificale avoit inondé et souillé l'église ; tous les secrets des laïcs, livrés par la confession aux intrigues et aux passions des prêtres ; Dieu lui même, enfin, conservant à peine une foible portion dans ces adorations prodiguées à du pain, à des hommes, à des ossemens ou à des statues.

Luther annonçoit aux peuples étonnés, que ces institutions révoltantes n'étoient point le christianisme, mais en étoient la dépravation et la honte, et que, pour être fidèle à la religion de Jésus-Christ, il falloit commencer par abjurer celle de ses prêtres. Il employoit également les armes de la dialectique ou de l'érudition, et les traits non moins puissans du ridicule. Il écrivoit à la fois en allemand et en latin. Ce n'étoit plus comme au temps des Albigeois ou de Jean Hus, dont la doctrine, inconnue au-delà des limites de leurs églises, étoit si aisément calomniée. Les livres allemands des nouveaux apôtres pénétroient en même-temps dans toutes les bourgades de l'empire, tandis que leurs livres latins arrachoient l'Europe entière au honteux sommeil où la superstition l'avoit plongée. Ceux dont la raison avoit prévenu les réformateurs, mais que la crainte retenoit dans le silence; ceux qu'agitoit un doute secret, et qui trembloient de l'avouer, même à leur conscience; ceux qui, plus simples, avoient ignoré toute l'étendue des absurdités théologiques; qui, n'ayant jamais réfléchi sur les questions contestées, étoient étonnés d'apprendre qu'ils avoient à choisir entre des opinions diverses; tous se livrèrent avec avidité à ces discussions, dont ils voyoient dépendre à la fois, et leurs intérêts temporels, et leur félicité future.

Toute l'Europe chrétienne, de la Suède jusqu'à l'Italie, de la Hongrie jusqu'à l'Espagne, fut en un instant couverte de partisans des nouvelles doctrines : et la réforme eût délivré du joug de Rome tous les peuples qui l'habitent, si la fausse politique de quelques princes n'eût relevé ce même sceptre sacerdotal, qui s'étoit si souvent appesanti sur la tête des rois.

Leur politique, que malheureusement leurs successeurs n'ont pas encore abjurée, étoit alors de ruiner leurs états pour en acquérir de nouveaux, et de mesurer leur puissance par l'étendue de leur territoire, plutôt que par le nombre de leurs sujets.

Aussi, Charles-Quint et François Ier., occupés de se disputer l'Italie, sacrifièrent-ils à l'intérêt de ménager le pape, celui de profiter des avantages qu'offroit la réforme aux pays qui sauroient l'adopter.

L'empereur, voyant que les princes de l'empire favorisoient des opinions, qui devoient augmenter leur pouvoir et leurs richesses, se rendit le protecteur des anciens abus, dans l'espoir qu'une guerre religieuse lui offriroit une occasion d'envahir leurs états et de détruire leur indépendance.

François imagina, qu'en faisant brûler les protestans, et en protégeant leurs chefs en Allemagne, il conserveroit l'amitié du pape, sans perdre des alliés utiles.

Mais ce ne fut pas leur seul motif ; le despotisme a aussi son instinct ; et cet instinct avoit révélé à ces rois que les hommes, après avoir soumis les préjugés religieux à l'examen de la raison, l'étendroient bientôt jusqu'aux préjugés politiques ; qu'éclairés sur les usurpations des papes, ils finiroient par vouloir l'être sur les usurpations des rois ; et que la réforme des abus ecclésiastiques, si utile à la puissance royale, entraîneroit celle des abus plus oppresseurs sur lesquels cette puissance étoit fondée. Aussi, aucun roi d'une grande nation ne favorisa volontairement le parti des réformateurs. Henri VIII, frappé de l'anathême pontifical, les persécutoit encore ; Edouard, Elisabeth, ne pouvant s'attacher au papisme, sans se déclarer usurpateurs, établirent en Angleterre la croyance et le culte qui s'en rapprochoient le plus. Les monarques protestans de la Grande-Bretagne ont favorisé constamment le catholicisme, toutes les fois qu'il a cessé de les menacer d'un prétendant à leur couronne.

En Suède, en Danemarck, l'établissement du luthéranisme ne fut, aux yeux des rois, qu'une précaution nécessaire pour assurer l'expulsion du tyran catholique, qu'ils remplaçoient ; et nous voyons déjà, dans la monarchie prussienne, fondée par un prince philosophe, son successeur ne pouvoir cacher un penchant secret pour cette religion si chère aux rois.

L'intolérance religieuse étoit commune à toutes les sectes, qui l'inspiroient à tous les gouvernemens. Les papistes persécutoient toutes les communions réformées ; et celles-ci, s'anathématisant entre elles, se réunissoient contre les anti-trinitaires, qui, plus conséquens, avoient soumis également tous les dogmes à l'examen, sinon de la raison, au moins d'une critique raisonnée, et n'avoient pas cru devoir se soustraire à quelques absurdités, pour en conserver d'aussi révoltantes.

Cette intolérance servit la cause de

papisme. Depuis long-temps il existoit en Europe, et sur-tout en Italie, une classe d'hommes qui, rejetant toutes les superstitions, indifférens à tous les cultes, soumis à la raison seule, regardoient les religions comme des inventions humaines, dont on pouvoit se moquer en secret, mais que la prudence ou la politique ordonnoient de paroître respecter.

Ensuite, on porta plus loin la hardiesse; et, tandis que dans les écoles on employoit la philosophie mal entendue d'Aristote, à perfectionner l'art des subtilités théologiques, à rendre ingénieux ce qui naturellement n'auroit été qu'absurde, quelques savans cherchoient à établir sur sa véritable doctrine un système destructeur de toute idée religieuse, dans lequel l'ame humaine n'étoit qu'une faculté qui s'évanouissoit avec la vie; où l'on n'admettoit d'autre providence, d'autre ordonnateur du monde que les lois nécessaires de la nature. Ils étoient combattus par des platoniciens, dont les opinions, se rapprochant de ce que depuis on a nommé déisme, n'en étoient que plus effrayantes pour l'orthodoxie sacerdotale.

La terreur des supplices arrêta bientôt cette imprudente franchise. L'Italie, la France, furent souillées du sang de ces martyrs de la liberté de penser. Toutes les sectes, tous les gouvernemens, tous les genres d'autorité, ne se montrèrent d'accord que contre la raison. Il fallut la couvrir d'un voile qui, la dérobant aux regards des tyrans, se laissât pénétrer par ceux de la philosophie.

On fut donc obligé de se renfermer dans la timide réserve de cette doctrine secrète, qui n'avoit jamais cessé d'avoir un grand nombre de sectateurs. Elle s'étoit propagée sur-tout parmi les chefs des gouvernemens, comme parmi ceux de l'église ; et, vers le temps de la réforme, les principes du machiavélisme religieux étoient devenus la seule croyance des princes, des ministres et des pontifes. Ces opinions avoient même corrompu la philosophie. Quelle morale en effet attendre d'un système, dont un des principes est qu'il faut appuyer celle du peuple sur de fausses opinions ; que les hommes éclairés sont en droit de le tromper, pourvu qu'ils lui donnent des erreurs utiles, et de le retenir dans les chaînes dont eux-mêmes ont su s'affranchir !

Si l'égalité naturelle des hommes, première base de leurs droits, est le fondement de toute vraie morale, que pouvoit-elle espérer d'une philosophie, dont un mépris ouvert de cette égalité et de ces droits étoit une des maximes ! Sans doute cette même philosophie a pu servir aux progrès de la raison, dont elle préparoit le règne en silence : mais, tant qu'elle subsista seule, elle n'a fait que substituer l'hypocrisie au fanatisme, et corrompre, même en les élevant au-dessus des préjugés, ceux qui présidoient à la destinée des états.

Les philosophes vraiment éclairés, étrangers à l'ambition, qui se bornoient à ne détromper les hommes qu'avec une extrême timidité, sans se permettre de les entretenir dans leurs erreurs, ces philosophes auroient naturellement été portés à embrasser la réforme : mais, rebutés de trouver par tout une égale intolérance, la plûpart ne crurent pas devoir s'exposer aux embarras d'un changement, après lequel ils se trouveroient soumis à la même contrainte. Puisqu'ils auroient été toujours obligés de paroître croire des absurdités qu'ils rejetoient, ils ne trouvèrent pas un grand avantage à en diminuer un peu le nombre ; ils craignirent même de se donner, par leur abjuration, l'apparence d'une hypocrisie volontaire ; et, en restant attachés à la vieille religion, ils la fortifièrent de l'autorité de leur renommée.

L'esprit, qui animoit les réformateurs, ne conduisoit pas à la véritable liberté de penser. Chaque religion, dans le pays où elle dominoit, ne permettoit que de certaines opinions. Cependant, comme ces diverses croyances étoient opposées entre elles, il y avoit peu d'opinions qui ne fussent attaquées ou soutenues dans quelques parties de l'Europe. D'ailleurs les communions nouvelles avoient été forcées de se relâcher un peu de la rigueur dogmatique. Elles ne pouvoient, sans une contradiction grossière, réduire le droit d'examiner dans des limites trop resserrées ; puisqu'elles venoient d'établir sur ce même droit la légitimité de leur séparation. Si elles refusoient de rendre à la raison toute sa liberté, elles consentoient que sa prison fût moins étroite : la chaîne n'étoit pas brisée ; mais elle étoit moins pesante et plus prolongée. Enfin, dans ces pays où il avoit été impossible à une religion d'opprimer toutes les autres, il s'établit ce que l'insolence du culte dominateur osa nommer tolérance, c'est-à dire, une permission donnée par des hommes à d'autres hommes de croire ce que leur raison adopte, de faire ce que leur conscience leur ordonne, de rendre à leur dieu commun l'hommage qu'ils imaginent lui plaire davantage. On put donc alors y soutenir toutes les doctrines tolérées, avec une franchise plus ou moins entière.

Ainsi l'on vit naître en Europe une sorte de liberté de penser, non pour les hommes, mais pour les chrétiens : et, si nous exceptons la France, c'est pour les seuls chrétiens que par-tout ailleurs elle existe encore aujourd'hui.

Mais cette intolérance força la raison humaine à rechercher des droits trop long-temps oubliés, ou qui plutôt n'avoient jamais été, ni bien connus, ni bien éclaircis.

Indignés de voir les peuples opprimés jusques dans le sanctuaire de leur conscience par des rois, esclaves superstitieux ou politiques du sacerdoce, quelques hommes généreux osèrent enfin examiner les fondemens de leur puissance; et ils révélèrent aux peuples cette grande vérité, que leur liberté est un bien inaliénable; qu'il n'y a point de prescription en faveur de la tyrannie, point de convention qui puisse irrévocablement lier une nation à une famille; que les magistrats, quels que soient leurs titres, leurs fonctions, leur puissance, sont les officiers du peuple, et ne sont pas ses maîtres; qu'il conserve le pouvoir de leur retirer une autorité émanée de lui seul, soit quand ils en ont abusé, soit même quand il cesse de croire utile à ses intérêts de la leur conserver: qu'enfin il a le droit de les punir, comme celui de les révoquer.

Telles sont les opinions qu'Althusius, Languet, et depuis Néedham, Harrington, professèrent avec courage et développèrent avec énergie.

Payant.

Payant le tribut à leur siècle, ils s'appuyèrent trop souvent sur des textes, sur des autorités, sur des exemples : on voit qu'ils durent ces opinions bien plus à l'élévation de leur esprit, à la force de leur caractère, qu'à une analyse exacte des vrais principes de l'ordre social.

Cependant d'autres philosophes plus timides, se contentèrent d'établir entre les peuples et les rois, une exacte réciprocité de droits et de devoirs, une égale obligation de maintenir les conventions qui les avoient fixés. On pouvoit bien déposer ou punir un magistrat héréditaire, mais seulement s'il avoit violé ce contrat sacré, qui n'en subsistoit pas moins avec sa famille. Cette doctrine, qui écartoit le droit naturel, pour tout ramener au droit positif, fut appuyée par les jurisconsultes, par les théologiens : elle étoit plus favorable aux intérêts des hommes puissans, aux projets des ambitieux ; puisqu'elle frappoit bien plus sur l'homme revêtu du pouvoir, que sur le pouvoir même. Aussi fut-elle presque généralement suivie par les publicistes, et adoptée pour base dans les révolutions, dans les dissensions politiques.

L'histoire nous montrera, durant cette époque, peu de progrès réels vers la liberté, mais plus d'ordre et plus de force dans les gouvernemens, et dans les nations un sentiment plus fort et sur-tout plus juste de leurs droits. Les lois sont mieux combinées ; elles paroissent moins souvent l'ouvrage informe des circonstances et du caprice : elles sont faites par des savans, si elles ne le sont pas encore par des philosophes.

Les mouvemens populaires, les révolutions qui avoient agité les républiques d'Italie, l'Angleterre et la France, devoient attirer les regards des philosophes vers cette partie de la politique, qui consiste à observer et à prévoir les effets que les constitutions, les lois, les institutions publiques, peuvent avoir sur la liberté des peuples, sur la prospérité, sur la force des états, sur la conservation de leur indépendance, de la forme de leurs gouvernemens. Les uns, imitant Platon, tels que Morus et Hobbes, déduisoient de quelques principes généraux le plan d'un système entier d'ordre social, et présentoient le modèle dont il falloit que la pratique tendît sans cesse à se rapprocher. Les autres, comme Machiavel, cherchoient dans l'examen approfondi des faits de l'histoire, les règles d'après lesquelles on pourroit se flatter de maîtriser l'avenir.

La science économique n'existoit pas encore ; les princes ne comptoient pas le nombre des hommes, mais celui des soldats ; la finance n'étoit que l'art de piller les peuples, sans les pousser à la révolte ; et les gouvernemens ne s'occupoient du commerce, que pour le rançonner par des taxes, le gêner par des priviléges, ou s'en disputer le monopole.

Les nations de l'Europe, occupées des intérêts communs qui les réunissoient, des intérêts opposés qu'elles croyoient devoir les diviser, sentirent le besoin de connoître certaines règles entre elles, qui même indépendamment des traités, présidassent à leurs relations pacifiques ; tandis que d'autres règles, respectées même au milieu de la guerre, en adouciroient les fureurs, en diminueroient les ravages, et préviendroient du moins les maux inutiles.

Il exista donc une science du droit des gens : mais malheureusement on chercha ces lois des nations, non dans la raison et la nature, seules autorités que les peuples indépendans puissent reconnoître, mais dans les usages établis ou dans les opinions des anciens. On s'occupa moins des droits de l'humanité, de la justice envers les individus, que de l'ambition, de l'orgueil ou de l'avidité des gouvernemens.

C'est ainsi qu'à cette même époque, on ne voit point les moralistes interroger le cœur de l'homme, analyser ses facultés et ses sentimens, pour y découvrir sa nature, l'origine, la règle et la sanction de ses devoirs. Mais ils savent employer toute la subtilité de la scolastique à trouver, pour les actions dont la légitimité paroît incertaine, la limite précise où l'innocence finit et où le péché commence ; à déterminer quelle autorité a le poids nécessaire pour justifier dans la pratique une de ces actions douteuses ; à classer méthodiquement les péchés, tantôt par genres et par espèces, tantôt suivant leur gravité respective ; à bien distinguer sur-tout ceux dont un seul suffit pour mériter la damnation éternelle.

La science de la morale ne pouvoit sans doute exister encore ; puisque les prêtres jouissoient du privilége exclusif d'en être les interprètes et les juges. Mais ces mêmes subtilités, également ridicules et scandaleuses, conduisirent à chercher, aidèrent à faire connoître le degré de moralité des actions ou de leurs motifs, l'ordre et les limites des devoirs, les principes d'après lesquels on doit choisir quand ils paroissent se combattre : ainsi, en étudiant une machine grossière, que le hasard a fait tomber dans ses mains, souvent un mécanicien habile parvient à en construire une nouvelle moins imparfaite, et vraiment utile.

La réforme, en détruisant la confession, les indulgences, les moines, et le célibat des prêtres, épura les principes de la morale, et diminua même la corruption des mœurs dans les pays qui l'embrassèrent ; elle les délivra des expiations sacerdotales, ce dangereux encouragement du crime, et du célibat religieux, destructeur de toutes les vertus, puisqu'il est l'ennemi des vertus domestiques.

Cette époque fut plus souillée qu'aucune autre par de grandes atrocités. Elle fut celle des massacres religieux, des guerres sacrées, de la dépopulation du nouveau monde.

Elle y vit rétablir l'ancien esclavage, mais plus barbare, plus fécond en crimes contre la nature, et l'avidité mercantile commercer du sang des hommes, les vendre comme des marchandises, après les avoir achetés par la trahison, le brigandage ou le meurtre, et les enlever à un hémisphère pour les dévouer dans un autre, au milieu de l'humiliation et des outrages, au supplice prolongé d'une lente et cruelle destruction.

En même temps l'hypocrisie couvre l'Europe de bûchers et d'assassins. Le monstre du fanatisme, irrité de ses blessures, semble redoubler de férocité, et se hâter d'entasser ses victimes, parce que la raison va bientôt les arracher de ses mains. Cependant l'on voit enfin reparoître quelques-unes de ces vertus douces et courageuses, qui honorent et consolent l'humanité. L'histoire leur offre des noms qu'elle peut prononcer sans rougir; des ames pures et fortes, de grands caractères réunis à des talens supérieurs, se montrent d'espace en espace à travers ces scènes de perfidie, de corruption et de carnage. L'espèce humaine révolte encore le philosophe, qui en contemple le tableau. Mais elle ne l'humilie plus et lui montre des espérances plus prochaines.

La marche des sciences devient rapide et brillante. La langue algébrique est généralisée, simplifiée, perfectionnée, ou plutôt, c'est alors seulement qu'elle a été véritablement formée. Les premières bases de la théorie générale des équations sont posées, la nature des solutions qu'elles donnent est approfondie, celles du troisième et quatrième degré sont résolues.

L'ingénieuse invention des logarithmes, en abrégeant les opérations de l'arithmétique, facilite toutes les applications du calcul à des objets réels, et étend ainsi la sphère de toutes les sciences, dans lesquelles ces applications numériques, à la vérité particulière qu'on cherche à connoître, sont un des moyens de comparer avec les faits les résultats d'une hypothèse ou d'une théorie, et de parvenir par cette comparaison à la découverte des lois de la nature. En effet, dans les mathématiques, la longueur, la complication purement pratique des calculs, ont un terme au-delà duquel le temps, les forces mêmes ne peuvent atteindre ; terme qui, sans le secours de ces heureuses abbréviations, marqueroit les bornes de la science même et la limite, que les efforts du génie ne pourroient franchir.

La loi de la chute des corps fut découverte par Galilée, qui sut en déduire la théorie du mouvement uniformément accéléré, et calculer la courbe que décrit un corps lancé dans le vide avec une vîtesse déterminée, et animé d'une force constante, qui agisse suivant des directions parallèles.

Copernic ressuscita le véritable système du monde oublié depuis si long-temps ; détruisit par la théorie des mouvemens apparens, ce qu'il avoit de révoltant pour les sens, opposa l'extrême simplicité des mouvemens réels qui résultent de ce système, à la complication presque ridicule de ceux qu'exigeoit l'hypothèse de Ptolémée. Les mouvemens des planètes furent mieux connus, et le génie de Kepler découvrit la forme de leurs orbites et les lois éternelles, suivant lesquelles ces orbites sont parcourues.

Galilée appliquant à l'astronomie la découverte récente des lunettes qu'il perfectionna, ouvrit un nouveau ciel aux regards des hommes. Les taches qu'il observa sur le disque du soleil, lui en firent connoître la rotation, dont il détermina la période et les lois. Il démontra les phases de Vénus, il découvrit ces quatre lunes qui entourent Jupiter et l'accompagnent dans son immense orbite.

Il apprit à mesurer le temps avec exactitude par les oscillations d'un pendule.

Ainsi l'homme dut à Galilée la première théorie mathématique d'un mouvement, qui ne fut pas à la fois uniforme et rectiligne, et la première connoissance d'une des lois mécaniques de la nature; il dut à Kepler celle d'une de ces lois empiriques, dont la découverte a le double avantage, et de conduire à la connoissance de la loi mécanique dont elles expriment le résultat, et de suppléer, à cette connoissance tant qu'il n'est pas encore permis d'y atteindre.

La découverte de la pesanteur de l'air et celle de la circulation du sang marquent les progrès de la physique expérimentale, qui naquit dans l'école de Galilée, et de l'anatomie déjà trop étendue pour ne point se séparer de la médecine.

L'histoire naturelle, la chimie, malgré ses chimériques espérances, et son langage énigmatique, la médecine, la chirurgie étonnent par la rapidité de leurs progrès, mais elles affligent souvent par le spectacle des monstrueux préjugés qu'elles conservent encore.

Sans parler des ouvrages, où Gesner et Agricola renfermèrent tant de connoissances réelles, que le mélange des erreurs scienifiques ou populaires altéroit si rarement ; on vit Bernard de Palissi, tantôt nous montrer, et les carrières où nous puisons les matériaux de nos édifices et les masses de pierre qui composent nos montagnes, formées par les débris des animaux marins, monumens authentiques des anciennes révolutions du globe ; tantôt expliquer comment les eaux enlevées à la mer par l'évaporation, rendues à la terre par les pluies, arrêtées par les couches de glaise, rassemblées en glaces sur les montagnes, entretiennent l'éternel écoulement des fontaines, des rivières et des fleuves ; tandis que Jean Rei découvroit le secret de ces combinaisons de l'air avec les substances métalliques, premier germe de ces théories brillantes, qui, depuis quelques années, ont reculé, les bornes de la chimie.

Dans l'Italie, l'art de la poésie épique, de la peinture, de la sculpture, atteignirent une perfection que les anciens n'avoient pas connues. Corneille annonçoit que l'art dramatique en France étoit prêt d'en acquérir une plus grande encore ; car si l'enthousiasme pour l'antiquité croît peut-être avec justice reconnoître quelque supériorité dans le génie des hommes qui en ont créé les chefs-d'œuvres, il est bien difficile qu'en comparant leurs ouvrages avec les productions de l'Italie et de la France, la raison n'apperçoive pas les progrès réels, que l'art même a faits entre les mains des modernes.

La langue italienne étoit entièrement formée ; celles des autres peuples voyoient chaque jour s'effacer quelques traces de leur ancienne barbarie.

On commençoit à sentir l'utilité de la métaphysique, de la grammaire; à connoître l'art d'analyser, d'expliquer philosophiquement, soit les règles, soit les procédés établis par l'usage dans la composition des mots et des phrases.

Par-tout, à cette époque, on voit l'autorité et la raison se disputer l'empire, combat qui préparoit et qui présageoit le triomphe de la dernière.

C'est donc alors que devoit naître cet esprit de critique, qui seul peut rendre l'érudition vraiment utile. On avoit encore besoin de connoître tout ce qu'avoient fait les anciens, et l'on commençoit à savoir que si on devoit les admirer, on avoit aussi le droit de les juger. La raison qui s'appuyoit quelquefois sur l'autorité, et contre qui on l'employoit si souvent, vouloit apprécier, soit la valeur du secours qu'elle espéroit y trouver, soit le motif du sacrifice qu'on exigeoit d'elle. Ceux qui prenoient l'autorité pour base de leurs opinions, pour guide de leur conduite, sentoient combien il leur importoit de s'assurer de la force de leurs armes, et de ne pas s'exposer à les voir se briser contre les premières attaques de la raison.

L'usage exclusif d'écrire en latin sur les sciences, sur la philosophie, sur la jurisprudence, et presque sur l'histoire, céda peu-à-peu la place à celui d'employer la langue usuelle de chaque pays. Et c'est ici le moment d'examiner quelle fut, sur les progrès de l'esprit humain, l'influence de ce changement, qui rendit les sciences plus populaires, mais en diminuant pour les savans la facilité d'en suivre la marche générale ; qui fit qu'un livre étoit lu dans un même pays par plus d'hommes foiblement instruits, et l'étoit moins en Europe par des hommes plus éclairés ; qui dispense d'apprendre la langue latine un grand nombre d'hommes avides de s'instruire, et n'ayant ni le temps, ni les moyens d'atteindre à une instruction étendue et approfondie, mais qui force les savans à consumer plus de temps dans l'étude de plus de langues différentes.

Nous montrerons que s'il étoit impossible de faire du latin une langue vulgaire, commune à l'Europe entière, la conservation de l'usage d'écrire en latin sur les sciences, n'eût eu pour ceux qui les cultivent, qu'une utilité passagère ; que l'existence d'une sorte de langue scientifique, la même chez toutes les nations, tandis que le peuple de chacune d'elles en parleroit une différente, y eût séparé les hommes en deux classes, eût perpétué dans le peuple les préjugés et les erreurs, eût mis un éternel obstacle à la véritable égalité, à un usage égal de la même raison, à une égale connoissance des vérités nécessaires ; et en arrêtant ainsi les progrès de la masse de l'espèce humaine, eût fini, comme dans l'Orient, par mettre un terme à ceux des sciences elles-mêmes.

Il n'y avoit eu long-temps d'instruction que dans les églises et dans les cloîtres.

Les universités furent encore dominées par les prêtres. Forcés d'abandonner au gouvernement, une partie de leur influence, ils se la réservèrent toute entière sur l'instruction générale et première ; sur celle qui renferme les lumières nécessaires à toutes les professions communes, à toutes les classes d'hommes, et qui s'emparant de l'enfance et de la jeunesse, en modèle à son gré l'intelligence flexible, l'ame incertaine et facile. Ils laissèrent seulement à la puissance séculière le droit de diriger l'étude de la jurisprudence, de la médecine, l'instruction approfondie des sciences, de la littérature, des langues savantes ; écoles moins nombreuses, où l'on n'envoyoit que des hommes déjà façonnés au joug sacerdotal.

Les prêtres perdirent cette influence dans

les pays réformés. A la vérité l'instruction commune, quoique dépendante du gouvernement, ne cessa point d'y être dirigée par l'esprit théologique, mais elle ne fut plus exclusivement confiée à des membres de la corporation presbytérale. Elle continua de corrompre les esprits par des préjugés religieux, mais elle ne les courba plus sous le joug de l'autorité sacerdotale; elle fit encore des fanatiques, des illuminés, des sophistes, mais elle ne forma plus d'esclaves pour la superstition.

Cependant l'enseignement par-tout asservi, corrompoit par-tout la masse générale des esprits, en opprimant la raison de tous les enfans sous le poids des préjugés religieux de leur pays; en étouffant par des préjugés politiques, l'esprit de liberté des jeunes gens destinés à une instruction plus étendue.

Non-seulement chaque homme abandonné à lui-même trouvoit entre lui et la vérité, l'épaisse et terrible phalange des erreurs de son pays et de son siècle, mais déjà on lui avoit rendu personnelles en quelque sorte
les

les plus dangereuses de ces erreurs. Chaque homme, avant de pouvoir dissiper celles d'autrui, devoit commencer par reconnoître les siennes ; avant de combattre les difficultés que la nature oppose à la découverte de la vérité, il avoit besoin de refaire en quelque sorte sa propre intelligence. L'instruction donnoit déjà des lumières ; mais pour qu'elles fussent utiles, il falloit les épurer, les séparer du nuage dont la superstition, d'accord avec la tyrannie, avoit su les envelopper.

Nous montrerons quels obstacles plus ou moins puissans ces vices de l'instruction publique, ces croyances religieuses opposées entre elles, cette influence des diverses formes de gouvernement, apportèrent aux progrès de l'esprit humain. On verra que ces progrès furent d'autant plus lents, que les objets soumis à la raison touchoient davantage aux intérêts politiques ou religieux ; que la philosophie générale, la métaphysique, dont les vérités attaquoient directement toutes les superstitions, furent plus opiniâtrément retardées dans leur marche, que la politique dont le perfectionnement ne menaçoit que l'autorité des rois ou des sénats aristocratiques ; que la même observation peut également s'appliquer aux sciences physiques.

Nous developperons les autres sources d'inégalité, qui ont pu naître de la nature des objets que chaque science envisage, ou des méthodes qu'elle emploie.

Celles qu'on peut également observer pour une même science, dans les divers pays, est aussi l'effet composé de causes politiques et de causes naturelles. Nous chercherons ce qui, dans ces différences, appartient à la diversité des religions, à la forme du gouvernement, à la richesse, à la puissance de la nation, à son caractère, à sa position géographique, aux événemens dont elle a été le théâtre, enfin au hasard qui a fait naître dans son sein quelques-uns de ces hommes extraordinaires dont l'influence, en s'étendant sur l'humanité toute entière, s'exerce cependant autour d'eux avec plus d'énergie.

Nous distinguerons les progrès de la

science même, qui n'ont pour mesure que la somme des vérités qu'elle renferme, et ceux d'une nation dans chaque science, progrès qui se mesurent alors, sous un rapport, par le nombre des hommes qui en connoissent les vérités les plus usuelles, les plus importantes, et, sous un autre, par le nombre et la nature de ces vérités généralement connues.

En effet, nous sommes arrivés au point de civilisation, où le peuple profite des lumières, non-seulement par les services qu'il reçoit des hommes éclairés, mais parce qu'il a su s'en faire une sorte de patrimoine, et les employer immédiatement à se défendre contre l'erreur; à prévenir ou satisfaire ses besoins, à se préserver des maux de la vie ou à les adoucir par des jouissances nouvelles.

L'histoire des persécutions auxquelles furent exposés, dans cette époque, les défenseurs de la vérité, ne sera point oubliée. Nous verrons ces persécutions s'étendre des vérités philosophiques ou politiques, jusques sur celles de la médecine, de l'histoire naturelle, de la physique et de l'astronomie. Dans le huitième siècle, un pape ignorant avoit persécuté un diacre pour avoir soutenu la rondeur de la terre, contre l'opinion du rhéteur Augustin. Dans le dix-septième, l'ignorance bien plus honteuse d'un autre pape livra aux inquisiteurs, Galilée, convaincu d'avoir prouvé le mouvement diurne et annuel de la terre. Le plus grand génie que l'Italie moderne ait donné aux sciences, accablé de vieillesse et d'infirmités, fut obligé, pour se soustraire au supplice ou à la prison, de demander pardon à Dieu d'avoir appris aux hommes à mieux connoître ses ouvrages, à l'admirer dans la simplicité des lois éternelles, par lesquelles il gouverne l'univers.

CEPENDANT l'absurdité des théologiens étoit si palpable, que cédant au respect humain, ils permirent de soutenir le mouvement de la terre, pourvu que ce fût comme une *hypothèse*, et que la foi n'en reçût aucune atteinte. Mais les astronomes ont fait précisément le contraire; ils ont cru au mouvement réel de la terre, et ont calculé suivant l'*hypothèse* de son immobilité.

Trois grands hommes ont marqué le passage de cette époque à celle qui va suivre, Bacon, Galilée, Descartes. Bacon a révélé la véritable méthode d'étudier la nature, d'employer les trois instrumens qu'elle nous a donnés pour pénétrer ses secrets, l'observation, l'expérience et le calcul. Il veut que le philosophe, jeté au milieu de l'univers, commence par renoncer à toutes les croyances qu'il a reçues, et même à toutes les notions qu'il s'est formées, pour se recréer en quelque sorte un entendement nouveau, dans lequel il ne doit plus admettre que des idées précises, des notions justes, des vérités dont le degré de certitude ou de probabilité ait été rigoureusement pesé. Mais Bacon, qui possédoit le génie de la philosophie au point le plus élevé, n'y joignit point celui des sciences ; et ces méthodes de découvrir la vérité, dont il ne donne point l'exemple, furent admirées des philosophes, mais ne changèrent point la marche des sciences.

Galilée les avoit enrichies de découvertes utiles et brillantes ; il avoit enseigné par son exemple les moyens de s'élever à la connoissance de lois de la nature par une méthode sûre et féconde, qui n'oblige point de sacrifier l'espérance du succès à la crainte de s'égarer. Il fonda pour les sciences la première école où elles ayent été cultivées sans aucun mélange de superstition, soit pour les préjugés, soit pour l'autorité ; où l'on ait rejeté avec une sévérité philosophique, tout autre moyen que l'expérience et le calcul. Mais se bornant exclusivement aux sciences mathématiques et physiques, il ne put imprimer aux esprits ce mouvement qu'ils sembloient attendre.

Cet honneur étoit réservé à Descartes ; philosophe ingénieux et hardi. Doué d'un grand génie pour les sciences, il joignit l'exemple au précepte, en donnant la méthode de trouver, de reconnoître la vérité. Il en montroit l'application dans la découverte des lois de la dioptrique, de celles du choc des corps, enfin d'une nouvelle branche de mathématiques, qui devoit en reculer toutes les bornes.

Il vouloit étendre sa méthode à tous les objets de l'intelligence humaine ; Dieu, l'homme, l'univers étoient tour à tour le sujet de ses méditations. Si dans les sciences physiques, sa marche est moins sûre que celle de Galilée, si sa philosophie est moins sage que celle de Bacon, si on peut lui reprocher de n'avoir pas assez appris par les leçons de l'un, par l'exemple de l'autre, à se défier de son imagination, à n'interroger la nature que par des expériences, à ne croire qu'au calcul, à observer l'univers, au lieu de le construire, à étudier l'homme, au lieu de le deviner ; l'audace même de ses erreurs servit aux progrès de l'espèce humaine. Il agita les esprits, que la sagesse de ses rivaux n'avoit pu réveiller. Il dit aux hommes de secouer le joug de l'autorité, de ne plus reconnoître que celle qui seroit avouée par leur raison ; et il fut obéi, parce qu'il subjuguoit par sa hardiesse, qu'il entraînoit par son enthousiasme.

L'esprit humain ne fut pas libre encore, mais il sut qu'il étoit formé pour l'être. Ceux qui osèrent s'opiniâtrer à lui conserver ses chaînes, ou essayer de lui en donner de nouvelles, furent forcés de lui prouver qu'il devoit les garder ou les recevoir, et dès-lors on put prévoir qu'elles seroient bientôt brisées.

NEUVIEME EPOQUE.

Depuis Descartes jusqu'à la formation de la République Françoise.

Nous avons vu la raison humaine se former lentement par les progrès naturels de la civilisation ; la superstition s'emparer d'elle pour la corrompre, et le despotisme dégrader et engourdir les esprits sous le poids de la crainte et du malheur.

Un seul peuple échappe à cette double influence. L'esprit humain, affranchi des liens de son enfance, s'avance vers la vérité, d'un pas ferme, de cette terre heureuse où la liberté vient d'allumer le flambeau du génie. Mais la conquête ramène bientôt avec elle la tyrannie, que suit la superstition, sa compagne fidelle, et l'humanité toute entière est replongée dans des ténèbres qui semblent devoir être éternelles. Cependant, le jour renaît peu à peu; les yeux, long-temps condamnés à l'obscurité, l'entrevoient, se referment, s'y accoutument lentement, fixent enfin la lumière; et le génie ose se remontrer sur ce globe, d'où le fanatisme et la barbarie l'avoient exilé.

Déja nous avons vu la raison soulever ses chaînes, en relâcher quelques-unes; et acquérant sans cesse des forces nouvelles, préparer, accélérer l'instant de sa liberté.

Il nous reste à parcourir l'époque où elle acheva de les rompre; où forcée d'en traîner encore les restes, elle s'en délivre peu à peu; où libre enfin dans sa marche, elle ne peut plus être arrêtée que par ces obstacles, dont le renouvellement est inévitable à chaque nouveau progrès, parce qu'ils ont pour cause nécessaire la constitution même de notre intelligence, ou ce rapport établi par la nature entre nos moyens pour découvrir la vérité, et la résistance qu'elle oppose à nos efforts. L'intolérance religieuse avoit forcé sept des provinces belgiques à secouer le joug de l'Espagne, et à former une république fédérative. Elle seule avoit réveillé la liberté angloise, qui, fatiguée par de longues et sanglantes agitations, a fini par se reposer dans une constitution long-temps admirée par la philosophie, et désormais réduite à n'avoir plus pour appui que la superstition nationale et l'hypocrisie politique.

Enfin, c'étoit encore aux persécutions sacerdotales que la nation suédoise avoit dû le courage de ressaisir une partie de ses droits.

Cependant, au milieu de ces mouvemens causés par des querelles théologiques, la France, l'Espagne, la Hongrie, la Bohême avoient vu s'anéantir leurs foibles libertés, ou ce qui, du moins, en avoit l'apparence.

On chercheroit en vain, dans les pays appelés libres, cette liberté qui ne blesse aucun des droits naturels de l'homme ; qui non-seulement lui en réserve la propriété, mais lui en conserve l'exercice. Celle qu'on y trouve fondée sur un droit positif inégalement réparti, accorde plus ou moins de prérogatives à un homme, suivant qu'il habite telle ou telle ville, qu'il est né dans telle ou telle classe, qu'il a telle ou telle fortune, qu'il exerce telle ou telle profession ; et le tableau rapproché de ces distinctions bizarres dans les diverses nations, sera la meilleure réponse que nous puissions opposer à ceux qui en soutiennent encore les avantages et la nécessité.

Mais dans ces mêmes pays, les lois garantissent la liberté individuelle et civile. Mais si l'homme n'y est pas tout ce qu'il doit être, la dignité de sa nature n'y est point avilie : quelques-uns de ces droits sont au moins reconnus ; on ne peut plus dire qu'il soit esclave, mais seulement qu'il ne sait pas encore être vraiment libre.

Chez les nations où, pendant le même temps, la liberté a fait des pertes plus ou moins réelles, les droits politiques, dont la masse du peuple jouissoit, étoient renfermés dans des limites si étroites, que la destruction de l'aristocratie presque arbitraire sous laquelle il avoit gémi, semble en avoir plus que compensé la perte. Il a perdu ce titre de citoyen, que l'inégalité rendoit presque illusoire ; mais la qualité d'homme a été plus respectée ; et le despotisme royal l'a sauvé de l'oppression féodale, l'a soustrait à cet état d'humiliation, d'autant plus pénible, que le nombre et la présence de ses tyrans en renouvellent sans cesse le sentiment.

Les lois ont dû se perfectionner dans les constitutions demi-libres, parce que l'intérêt de ceux qui y exercent un véritable pouvoir, n'est pas habituellement contraire aux intérêts généraux du peuple ; et dans les états despotiques, soit parce que l'intérêt de la prospérité publique se confond souvent avec celui du despote ; soit parce que cherchant lui-même à détruire les restes du pouvoir des nobles ou du clergé, il en résultoit dans les lois un esprit d'égalité, dont le motif étoit d'établir celle de l'esclavage, mais dont les effets pouvoient souvent être salutaires.

Nous exposerons en détail les causes qui ont produit, en Europe, ce genre de despotisme dont, ni les siècles antérieurs, ni les autres parties du monde, n'ont offert d'exemple ; où l'autorité presque arbitraire, contenue par l'opinion, réglée par les lumières, adoucie par son propre intérêt, a souvent contribué aux progrès de la richesse, de l'industrie, de l'instruction, et quelquefois même à ceux de la liberté civile.

Les mœurs se sont adoucies par l'affoiblissement des préjugés qui en avoient maintenu la férocité, par l'influence de cet esprit de commerce et d'industrie, ennemi des violences et des troubles qui font fuir la richesse, par l'horreur qu'inspiroit le tableau encore récent des barbaries de l'époque précédente, par une propagation plus générale des idées philosophiques, d'égalité et d'humanité ; enfin, par l'effet lent, mais sûr, du progrès général des lumières.

L'intolérance religieuse a subsisté, mais comme une invention de la prudence humaine, comme un hommage aux préjugés du peuple, ou une précaution contre son effervescence. Elle a perdu ses fureurs ; les bûchers, rarement allumés, ont été remplacés par une oppression souvent plus arbitraire, mais moins barbare ; et dans ces derniers temps, on n'a plus persécuté que de loin en loin, et en quelque sorte par habitude ou par complaisance. Par-tout, et sur tous les points, la pratique des gouvernemens avoit suivi, mais lentement et comme à regret, la marche de l'opinion, et même celle de la philosophie.

En effet, si dans les sciences morales et politiques, il existe à chaque instant une grande distance entre le point où les philosophes ont porté les lumières, et le terme moyen où sont parvenus les hommes qui cultivent leur esprit, et dont la doctrine commune forme cette espèce de croyance généralement adoptée, qu'on nomme opinion ; ceux qui dirigent les affaires publiques, qui influent immédiatement sur le sort du peuple, quel que soit le genre de leur constitution, sont bien loin de s'élever au niveau de cette opinion ; ils la suivent, mais sans l'atteindre, bien loin de la devancer, et se trouvent constamment au-dessous d'elle, et de beaucoup d'années, et de beaucoup de vérités.

Ainsi, le tableau des progrès de la philosophie et de la propagation des lumières, dont nous avons exposé déjà les effets les plus généraux et les plus sensibles, va nous conduire à l'époque où l'influence de ces progrès sur l'opinion, de l'opinion sur les nations ou sur leurs chefs, cessant tout-à-coup d'être lente et insensible, a produit dans la masse entière de quelques peuples, une révolution, gage certain de celle qui doit embrasser la généralité de l'espèce humaine.

Après de longues erreurs, après s'être égarés dans des théories incomplètes ou vagues, les publicistes sont parvenus à connoître enfin les véritables droits de l'homme, à les déduire de cette seule vérité, qu'*il est un être sensible, capable de former des raisonnemens, et d'acquérir des idées morales.*

Ils ont vu que le maintien de ces droits étoit l'objet unique de la réunion des hommes en sociétés politiques, et que l'art social devoit être celui de leur garantir la conservation de ces droits avec la plus entière égalité,
comme

comme dans la plus grande étendue. On a senti que ces moyens d'assurer les droits de chacun, devant être soumis dans chaque société à des règles communes, le pouvoir de choisir ces moyens, de déterminer ces règles, ne pouvoit appartenir qu'à la majorité des membres de la société même ; parce que chaque individu ne pouvant, dans ce choix, suivre sa propre raison sans y assujettir les autres, le vœu de la majorité est le seul caractère de vérité qui puisse être adopté par tous, sans blesser l'égalité.

Chaque homme peut réellement se lier d'avance à ce vœu de la majorité, qui devient alors celui de l'unanimité ; mais il ne peut y lier que lui seul : il ne peut être engagé même envers cette majorité, qu'autant qu'elle ne blessera pas ses droits individuels, après les avoir reconnus.

Tels sont à la fois les droits de la majorité sur la société ou sur ses membres, et les limites de ces droits. Telle est l'origine de cette unanimité, qui rend obligatoires pour tous, les engagemens pris par la majorité seule ; obligation qui cesse d'être légitime quand, par le changement des individus, cette sanction de l'unanimité a cessé elle-même d'exister. Sans doute, il est des objets sur lesquels la majorité prononceroit peut-être plus souvent en faveur de l'erreur et contre l'intérêt commun de tous ; mais c'est encore à elle à décider quels sont ces objets sur lesquels elle ne doit point s'en rapporter immédiatement à ses propres décisions ; c'est à elle à déterminer, qui seront ceux dont elle croit devoir substituer la raison à la sienne ; à régler la méthode qu'ils doivent suivre pour arriver plus sûrement à la vérité ; et elle ne peut abdiquer l'autorité de prononcer si leurs décisions n'ont point blessé les droits communs à tous.

Ainsi, l'on vit disparoître, devant des principes si simples, ces idées d'un contrat entre un peuple et ses magistrats, qui ne pourroit être annullé que par un consentement mutuel, ou par l'infidélité d'une des parties ; et cette opinion moins servile, mais non moins absurde, qui enchaînoit un peuple aux formes de constitution une fois établies, comme si le droit de les changer n'étoit pas la première garantie de tous les autres, comme si les institutions humaines, nécessairement défectueuses et susceptibles d'une perfection nouvelle à mesure que les hommes s'éclairent, pouvoient être condamnées à une éternelle durée. Ainsi, l'on se vit obligé de renoncer à cette politique astucieuse et fausse, qui, oubliant que tous les hommes tiennent des droits égaux de leur nature même, vouloit tantôt mesurer l'étendue de ceux qu'il falloit leur laisser, sur la grandeur du territoire, sur la température du climat, sur le caractère national, sur la richesse du peuple, sur le degré de perfection du commerce et de l'industrie ; et tantôt partager avec inégalité ces mêmes droits entre diverses classes d'hommes, en accorder à la naissance, à la richesse, à la profession, et créer ainsi des intérêts contraires, des pouvoirs opposés, pour établir ensuite entre eux un équilibre que ces institutions seules ont rendu nécessaire, et qui n'en corrige même pas les influences dangereuses.

Ainsi, l'on n'osa plus partager les hommes en deux races différentes, dont l'une est destinée à gouverner, l'autre à obéir ; l'une à mentir, l'autre à être trompée ; on fut obligé de reconnoître que tous ont un droit égal de s'éclairer sur tous leurs intérêts, de connoître toutes les vérités, et qu'aucun des pouvoirs établi par eux sur eux-mêmes, ne peut avoir le droit de leur en cacher aucune.

Ces principes, que le généreux Sydney paya de son sang, auxquels Locke attacha l'autorité de son nom, furent développés depuis par Rousseau, avec plus de précision, d'étendue et de force, et il mérita la gloire de les placer au nombre de ces vérités qu'il n'est plus permis, ni d'oublier, ni de combattre.

L'homme a des besoins et des facultés pour y pourvoir ; du produit de ces facultés, différemment modifié, distribué, résulte une masse de richesses destinées à subvenir aux besoins communs. Mais quelles sont les lois suivant lesquelles ces richesses se forment ou se partagent, se conservent ou se consomment, s'accroissent ou se dissipent ? Quelles sont aussi les lois de cet équilibre, qui tend sans cesse à s'établir entre les besoins et les ressources, et d'où il résulte plus de facilité pour satisfaire les besoins, par conséquent, plus de bien-être quand la richesse augmente, jusqu'à ce qu'ils ayent atteint le terme de son accroissement ; et au contraire, quand la richesse diminue, plus de difficultés, et par conséquent, de la souffrance jusqu'à ce que la dépopulation et les privations ayent ramené le niveau ? Comment, dans cette étonnante variété de travaux et de produits, de besoins et de ressources, dans cette effrayante complication d'intérêts, qui lient la subsistance, le bien-être d'un individu isolé, au système général des sociétés, qui le rend dépendant de tous les accidens de la nature, de tous les événemens de la politique, qui étend en quelque sorte au globe entier sa faculté d'éprouver, ou des jouissances, ou des privations ; comment, dans ce cahos apparent, voit-on néanmoins, par une loi générale du monde moral, les efforts de chacun pour lui-même servir au bien-être de tous, et malgré le choc extérieur des intérêts opposés, l'intérêt commun exiger que chacun sache entendre le sien propre, et puisse y obéir sans obstacle ?

Ainsi, l'homme doit pouvoir déployer ses facultés, disposer de ses richesses, pourvoir à ses besoins avec une liberté entière. L'intérêt général de chaque société, loin d'ordonner d'en restreindre l'exercice, défend au contraire d'y porter atteinte, et dans cette partie de l'ordre public, le soin d'assurer à chacun les droits qu'il tient de la nature, est encore à la fois la seule politique utile, le seul devoir de la puissance sociale, et le seul droit que la volonté générale puisse légitimement exercer sur les individus.

Mais ce principe une fois reconnu, il reste encore à la puissance publique des devoirs à remplir ; elle doit établir des mesures reconnues par la loi, qui servent à constater, dans les échanges de toute espèce, le poids, le volume, l'étendue, la longueur des choses échangées.

Elle doit créer une mesure commune des valeurs qui les représente toutes, qui facilite le calcul de leurs variations et de leurs rapports ; qui ayant ensuite elle-même sa propre valeur, puisse être échangée contre toutes les choses susceptibles d'en avoir une; moyen sans lequel le commerce, borné à des échanges directs, ne peut acquérir d'activité.

La reproduction de chaque année offre une portion disponible, puisqu'elle n'est destinée à payer, ni le travail dont cette reproduction est le fruit, ni celui qui doit assurer une nouvelle reproduction égale ou plus abondante. Le possesseur de cette portion disponible ne la doit point immédiatement à son travail ; il la possède indépendamment de l'usage qu'il peut faire de ses facultés, pour subvenir à ses besoins. C'est donc sur cette portion disponible de la richesse annuelle que, sans blesser aucun droit, la puissance sociale peut établir les fonds nécessaires aux dépenses qu'exigent la sûreté de l'état, sa tranquillité intérieure, la garantie des droits des individus, l'exercice des autorités instituées pour la formation ou pour l'exécution de la loi ; enfin, le maintien de la prospérité publique.

Il existe des travaux, des établissemens, des institutions utiles à la société générale ;

qu'elle doit établir, diriger ou surveiller, et qui suppléent à ce que les volontés personnelles et le concours des intérêts individuels ne peuvent faire immédiatement, soit pour les progrès de l'agriculture, de l'industrie, du commerce, soit pour prévenir, pour atténuer les maux inévitables de la nature, ou ceux que des accidens imprévus viennent y ajouter.

Jusqu'à l'époque dont nous parlons, et même long-temps après, ces divers objets avoient été abandonnés au hasard, à l'avidité des gouvernemens, à l'adresse des charlatans, aux préjugés ou à l'intérêt de toutes les classes puissantes; mais un disciple de Descartes, l'illustre et malheureux Jean de Witt, sentit que l'économie politique devoit, comme toutes les sciences, être soumise aux principes de la philosophie et à la précision du calcul.

Elle fit peu de progrès jusqu'au moment où la paix d'Utrecht promit à l'Europe une tranquillité durable. A cette époque, on vit les esprits prendre une direction presque générale vers cette étude jusqu'alors négligée; et cette science nouvelle a été portée par Stewart, par Smith, et sur-tout par les économistes françois, du moins, pour la précision et la pureté des principes, à un degré qu'on ne pouvoit espérer d'atteindre si promptement, après une si longue indifférence.

Mais ces progrès dans la politique et dans l'économie politique avoient pour première cause ceux de la philosophie générale ou de la métaphysique, en prenant ce mot dans son sens le plus étendu.

Descartes l'avoit réunie au domaine de la raison; il avoit bien senti qu'elle devoit émaner toute entière des vérités évidentes et premières que l'observation des opérations de notre esprit devoit nous révéler. Mais bientôt son imagination impatiente, l'écarta de cette même route qu'il avoit tracée, et la philosophie parut quelques temps n'avoir repris son indépendance que pour s'égarer dans des erreurs nouvelles.

Enfin, Locke saisit le fil qui devoit la guider; il montra qu'une analyse exacte, précise des idées, en les réduisant successivement à des idées plus immédiates dans leur origine, ou plus simples dans leur composition, étoit le seul moyen de ne pas se perdre dans ce cahos de notions incomplètes, incohérentes, indéterminées, que le hasard nous a offertes sans ordre, et que nous avons reçues sans réflexion.

Il prouva, par cette analyse même, que toutes sont le résultat des opérations de notre intelligence sur les sensations que nous avons reçues, ou plus exactement encore des combinaisons de ces sensations que la mémoire nous représente simultanément, mais de manière que l'attention s'arrête, que la perception se borne à une partie seulement de chacune de ces sensations composées.

Il fait voir qu'en attachant un mot à chaque idée, après l'avoir analysée et circonscrite, nous parvenons à nous la rappeler constamment la même, c'est-à-dire, toujours formée des mêmes idées plus simples, toujours renfermée dans les mêmes limites, et par conséquent, à pouvoir l'employer dans une suite de raisonnemens, sans jamais risquer de nous égarer.

Au contraire, si les mots ne répondent point à une idée bien déterminée, ils peuvent successivement en réveiller de différentes dans un même esprit, et telle est la source la plus féconde de nos erreurs.

Enfin, Locke osa, le premier, fixer les bornes de l'intelligence humaine, ou plutôt, déterminer la nature des vérités qu'elle peut connoître, des objets qu'elle peut embrasser.

Cette méthode devint bientôt celle de tous les philosophes; et c'est en l'appliquant à la morale, à la politique, à l'économie publique, qu'ils sont parvenus à suivre dans ces sciences une marche presque aussi sûre que celle des sciences naturelles; à n'y plus admettre que des vérités prouvées, à séparer ces vérités de tout ce qui peut rester encore de douteux et d'incertain; à savoir ignorer, enfin, ce qu'il est encore, ce qu'il sera toujours impossible de connoître.

Ainsi, l'analyse de nos sentimens nous

fait découvrir, dans le développement de notre faculté d'éprouver du plaisir et de la douleur, l'origine de nos idées morales, le fondement des vérités générales qui, résultant de ces idées, déterminent les lois immuables, nécessaires du juste et de l'injuste ; enfin, les motifs d'y conformer notre conduite, puisés dans la nature même de notre sensibilité, dans ce qu'on pourroit appeler, en quelque sorte, notre constitution morale.

Cette même méthode devint en quelque sorte un instrument universel ; on apprit à l'employer pour perfectionner celle des sciences physiques, pour en éclaircir les principes, pour en apprécier les preuves ; on l'étendit à l'examen des faits, aux règles du goût.

Ainsi cette métaphysique s'appliquant à tous ces objets de l'intelligence humaine, analysoit les procédés de l'esprit dans chaque genre de connoissances, faisoit connoître la nature des vérités qui en forment le système, celle de l'espèce de certitude, qu'on peut y atteindre, et c'est ce dernier pas de la philosophie, qui a mis en quelque sorte une barrière éternelle entre le genre humain et les vieilles erreurs de son enfance ; qui doit l'empêcher d'être jamais ramené à son ancienne ignorance par des préjugés nouveaux, comme il assure la chute de tous ceux que nous conservons, sans peut-être les connoître tous encore ; de ceux même qui pourront les remplacer, mais pour ne plus avoir qu'une foible influence et une existence éphémère.

Cependant en Allemagne un homme d'un génie vaste et profond jetoit les fondemens d'une doctrine nouvelle. Son imagination ardente, audacieuse, ne peut se reposer dans une philosophie modeste, qui laissoit subsister des doutes sur ces grandes questions de la spiritualité, ou de la persistance de l'ame humaine, de la liberté de l'homme ou de celle de Dieu, de l'existence de la douleur et du crime dans un univers gouverné par une intelligence toute-puissante, dont la sagesse, la justice et la bonté semblent devoir les exclure. Il trancha le nœud qu'une sage analyse n'auroit pu dénouer. Il composa l'univers d'êtres simples, indestructibles, égaux par leur nature. Les rapports de chacun de ces êtres avec chacun de ceux qui entrent avec lui dans le système de l'univers, déterminent ses qualités par lesquelles il diffère de tous les autres ; l'ame humaine et le dernier atome qui termine un bloc de pierre, sont également une de ces monades. Elles ne diffèrent que par la place différente qu'elles occupent dans l'ordre de l'univers.

Parmi toutes les combinaisons possibles de ces êtres, une intelligence infinie en a préféré une, et n'en a pu préférer qu'une seule, la plus parfaite de toutes. Si celle qui existe nous afflige par le spectacle du malheur et du crime, c'est que toute autre combinaison eût encore présenté des résultats plus douloureux.

Nous exposerons ce systême qui adopté, ou du moins soutenu par les compatriotes de Leibnitz, a retardé parmi eux les progrès de la philosophie. On vit une école entière de philosophes anglais embrasser avec enthousiasme et défendre avec éloquence, la doctrine de l'optimisme ; mais moins adroits et moins profonds que Leibnitz, qui la fondoit principalement sur ce qu'une intelligence toute-puissante, par la nécessité même de sa nature, n'avoit pu choisir que le meilleur des univers possibles; ils cherchèrent dans l'observation du nôtre, la preuve de sa supériorité; et perdant tous les avantages que conserve ce système, tant qu'il reste dans une abstraite généralité, ils s'égarèrent trop souvent dans des détails ou révoltans, ou ridicules.

Cependant en Écosse, d'autres philosophes ne trouvant point que l'analyse du développement de nos facultés réelles conduisît à un principe, qui donnât à la moralité de nos actions une base assez pure, assez solide, imaginèrent d'attribuer à l'ame humaine une faculté nouvelle, distincte de celles de sentir ou de raisonner, mais se combinant avec elles, faculté dont ils ne prouvoient l'existence qu'en assurant qu'il leur étoit impossible de s'en passer. Nous ferons l'histoire de ces opinions, et nous montrerons comment, si elles ont nui à la marche de la philosophie, elles ont été utiles à la propagation plus rapide des idées philosophiques.

Jusqu'ici nous n'avons montré les progrès de la philosophie que dans les hommes qui l'ont cultivée, approfondie, perfectionnée ; il nous reste à faire voir quels ont été ses effets sur l'opinion générale, et comment, tandis que s'élevant enfin à la connoissance de la méthode certaine de découvrir, de reconnoître la vérité, la raison apprenoit à se préserver des erreurs, où le respect pour l'autorité et l'imagination l'avoient si souvent entraînée : elle détruisoit en même-temps, dans la masse générale des individus, les préjugés qui ont si long-temps affligé et corrompu l'espèce humaine.

Il fut enfin permis de proclamer hautement ce droit si long-temps méconnu, de soumettre toutes les opinions à notre propre raison, c'est-à-dire d'employer, pour saisir la vérité, le seul instrument qui nous ait été donné pour la reconnoître. Chaque homme apprit, avec une sorte d'orgueil, que la nature ne l'avoit pas absolument destiné à croire sur la parole d'autrui; et la superstition de l'antiquité, l'abaissement de la raison devant le délire d'une foi surnaturelle, disparurent de la société comme de la philosophie.

Il

Il se forma bientôt en Europe une classe d'hommes moins occupés encore de découvrir ou d'approfondir la vérité, que de la répandre; qui se dévouant à poursuivre les préjugés dans les asiles où le clergé, les écoles, les gouvernemens, les corporations anciennes les avoient recueillis et protégés, mirent leur gloire à détruire les erreurs populaires, plutôt qu'à reculer les limites des connoissances humaines, manière indirecte de servir à leurs progrès, qui n'étoit, ni la moins périlleuse, ni la moins utile.

En Angleterre, Collins et Bolingbroke, en France, Bayle, Fontenelle, Voltaire, Montesquieu et les écoles formées par ces hommes célèbres, combattirent en faveur de la vérité, employant tour-à-tour toutes les armes que l'érudition, la philosophie, l'esprit, le talent d'écrire peuvent fournir à la raison; prenant tous les tons, employant toutes les formes, depuis la plaisanterie jusqu'au pathétique, depuis la compilation la plus savante et la plus vaste, jusqu'au roman, ou au pamphlet du jour; couvrant la vérité d'un voile qui ménageoit les yeux trop foibles, et laissoit le plaisir de la deviner; ca-

R

ressant les préjugés avec adresse pour leur porter des coups plus certains ; n'en menaçant presque jamais, ni plusieurs à la fois, ni même un seul tout entier ; consolant quelquefois les ennemis de la raison, en paroissant ne vouloir dans la religion qu'une demi-tolérance, dans la politique qu'une demi-liberté ; ménageant le despotisme quand ils combattoient les absurdités religieuses, et le culte quand ils s'élevoient contre la tyrannie ; attaquant ces deux fléaux dans leur principe, quand même ils paroissoient n'en vouloir qu'à des abus révoltans ou ridicules, et frappant ces arbres funestes dans leurs racines, quand ils sembloient se borner à en élaguer quelques branches égarées ; tantôt apprenant aux amis de la liberté que la superstition qui couvre le despotisme d'un bouclier impénétrable, est la première victime qu'ils doivent immoler, la première chaîne qu'ils doivent briser ; tantôt au contraire la dénonçant aux despotes comme la véritable ennemie de leur pouvoir, et les effrayant du tableau de ses hypocrites complots et de ses fureurs sanguinaires : mais ne se lassant jamais de réclamer l'indépendance de la raison, la liberté d'écrire comme le droit, comme le salut du genre humain; s'élevant avec une infatigable énergie contre tous les crimes du fanatisme et de la tyrannie; poursuivant dans la religion, dans l'administration, dans les mœurs, dans les lois, tout ce qui portoit le caractère de l'oppression, de la dureté, de la barbarie; ordonnant au nom de la nature, aux rois, aux guerriers, aux magistrats, aux prêtres de respecter le sang des hommes; leur reprochant avec une énergique sévérité celui que leur politique ou leur indifférence prodiguoit encore dans les combats ou dans les supplices; prenant enfin pour cri de guerre *raison, tolérance, humanité*.

TELLE fut cette philosophie nouvelle, objet de la haine commune de ces classes nombreuses qui n'existent que par les préjugés, ne vivent que d'erreurs, ne sont puissantes que par la crédulité; presque par-tout accueillie mais persécutée, ayant des rois, des prêtres, des grands, des magistrats pour disciples et pour ennemis. Ses chefs eurent presque toujours l'art d'échapper à la vengeance, en s'exposant à la haine, de se cacher à la persécution, en se montrant assez pour ne rien perdre de leur gloire.

Souvent un gouvernement les récompensoit d'une main, en payant de l'autre leurs calomniateurs, les proscrivoit et s'honoroit que le sort eût placé leur naissance sur son territoire, les punissoit de leurs opinions, et auroit été humilié d'être soupçonné de ne pas les partager.

Ces opinions devoient donc devenir bientôt celle de tous les hommes éclairés, avouées par les uns, dissimulées par les autres avec une hypocrisie plus ou moins transparente, suivant que leur caractère étoit plus ou moins timide, et qu'ils cédoient aux intérêts opposés, de leur profession ou de leur vanité. Mais déjà celui-ci étoit assez puissant, pour qu'au lieu de cette dissimulation profonde des âges précédens, on se contentât pour soi-même et souvent pour les autres d'une réserve prudente.

Nous suivrons les progrès de cette philosophie dans les diverses parties de l'Europe, où l'inquisition des gouvernemens et des prêtres ne put empêcher la langue française, devenue presque universelle, de la porter avec rapidité. Nous montrerons avec quelle adresse la politique et la superstition employèrent contre elle tout ce que la connoissance de l'homme peut offrir de motifs pour se défier de sa raison, d'argumens pour en montrer les bornes et la foiblesse, et comment on sut faire servir le pyrrhonisme même à la cause de la crédulité.

Ce système si simple, qui plaçoit dans la jouissance d'une liberté indéfinie les plus sûrs encouragemens du commerce et de l'industrie, qui délivroit les peuples du fléau destructeur et du joug humiliant de ces impôts répartis avec tant d'inégalité, levés avec tant de dépense, et souvent avec tant de barbarie, pour y substituer une contribution juste, égale et presque insensible; cette théorie qui lioit la véritable puissance et la richesse des états au bien-être des individus, et au respect pour leurs droits; qui unissoit par le lien d'une félicité commune les différentes classes, entre lesquelles ces sociétés se divisent naturellement; cette idée si consolante d'une fraternité du genre humain, dont aucun intérêt national ne devoit plus troubler la douce harmonie ; ces principes séduisans par leur générosité comme par leur simplicité et leur étendue, furent propagés avec enthousiasme par les économistes français. Leur succès fut moins prompt, moins général que celui des philosophes ; ils avoient à combattre des préjugés moins grossiers, des erreurs plus subtiles. Ils avoient besoin d'éclairer avant de détromper, et d'instruire le bon sens, avant de le prendre pour juge.

Mais s'ils n'ont pu faire à l'ensemble de leur doctrine qu'un petit nombre de partisans ; si on a été effrayé de la généralité de leurs maximes, de l'inflexibilité de leurs principes ; s'ils ont nui eux-mêmes à la bonté de leur cause, en affectant un langage obscur et dogmatique, en paroissant trop oublier pour les intérêts de la liberté du commerce, ceux de la liberté politique, en présentant, d'une manière trop absolue et trop magistrale, quelques portions de leur système qu'ils n'avoient point assez approfondies ; du moins ils sont parvenus à rendre odieuse et méprisable cette politique lâche, astucieuse et corrompue, qui plaçoit la prospérité d'une nation dans l'appauvrissement de ses voisins, dans les vues étroites d'un régime prohibitif, dans les petites combinaisons d'une fiscalité tyrannique.

Mais les vérités nouvelles dont le génie avoit enrichi la philosophie, la politique et l'économie publique, adoptées avec plus ou moins d'étendue par les hommes éclairés, portèrent plus loin leur salutaire influence.

L'art de l'imprimerie s'étoit répandu sur tant de points, il avoit tellement multiplié les livres, on avoit su les proportionner si bien à tous les degrés de connoissances, d'application, et même de fortune; on les avoit pliés avec tant d'habileté à tous les goûts, à tous les genres d'esprit; ils présentoient une instruction si facile, souvent même si agréable; ils avoient ouvert tant de portes à la vérité, qu'il étoit devenu presque impossible de les lui fermer toutes, qu'il n'y avoit plus de classe, de profession à laquelle on pût l'empêcher de parvenir. Alors quoiqu'il restât toujours un très grand nombre d'hommes condamnés à une ignorance volontaire ou forcée, la limite tracée entre la portion grossière et la portion éclairée du genre-humain, s'étoit presque entièrement effacée, et une dégradation insensible remplissoit l'espace qui en sépare les deux extrêmes, le génie, et la stupidité.

Ainsi une connoissance générale, des droits naturels de l'homme, l'opinion même que ces droits sont inaliénables et imprescriptibles, un vœu fortement prononcé pour la liberté de penser et d'écrire, pour celle du commerce et de l'industrie, pour le soulagement du peuple, pour la proscription de toute loi pénale contre les religions dissidentes, pour l'abolition de la torture et des supplices barbares ; le désir d'une législation criminelle plus douce, d'une jurisprudence qui donnât à l'innocence une entière sécurité, d'un code civil plus simple, plus conforme à la raison et à la nature ; l'indifférence pour les religions, placées enfin au nombre des superstitions ou des inventions politiques ; la haine de l'hypocrisie et du fanatisme, le mépris des préjugés, le zèle pour la propagation des lumières ;

ces principes passant peu-à-peu des ouvrages des philosophes dans toutes les classes de la société, où l'instruction s'étendoit plus loin que le catéchisme et l'écriture, devinrent la profession commune, le symbole de tous ceux qui n'étoient ni machiavélistes, ni imbécilles. Dans quelques pays ces principes formoient une opinion publique assez générale, pour que la masse même du peuple parût prête à se laisser diriger par elle et à lui obéir. Le sentiment de l'humanité, c'est-à-dire, celui d'une compassion tendre, active pour tous les maux qui affligent l'espèce humaine, d'une horreur pour tout ce qui, dans les institutions publiques, dans les actes du gouvernement, dans les actions privées, ajoutoit des douleurs nouvelles aux douleurs inévitables de la nature; ce sentiment d'humanité étoit une conséquence naturelle de ces principes; il respiroit dans tous les écrits, dans tous les discours, et déjà son heureuse influence s'étoit manifestée dans les lois, dans les institutions publiques même des peuples soumis au despotisme.

Les philosophes des diverses nations embrassant, dans leurs méditations, les intérêts de l'humanité entière sans distinction de pays, de race ou de secte, formoient, malgré la différence de leurs opinions spéculatives, une phalange fortement unie contre toutes les erreurs, contre tous les genres de tyrannie. Animés par le sentiment d'une philanthropie universelle, ils combattoient l'injustice, lorsqu'étrangère à leur patrie, elle ne pouvoit les atteindre ; ils la combattoient encore, lorsque c'étoit leur patrie même qui s'en rendoit coupable envers d'autres peuples ; ils s'élevoient en Europe contre les crimes dont l'avidité souille les rivages de l'Amérique, de l'Afrique ou de l'Asie. Les philosophes de l'Angleterre et de la France s'honoroient de prendre le nom, de remplir les devoirs d'*amis* de ces mêmes noirs, que leurs stupides tyrans dédaignoient de compter au nombre des hommes. Les éloges des écrivains français étoient le prix de la tolérance accordée en Russie et en Suède, tandis que Becaria réfutoit en Italie les maximes barbares de la jurisprudence française.

On cherchoit en France à guérir l'Angleterre de ses préjugés commerciaux, de son respect superstitieux pour les vices de sa constitution et de ses lois, tandis que le respectable Howard dénonçoit aux Français la barbare insouciance qui, dans leurs cachots et leurs hôpitaux, s'immoloit tant de victimes humaines.

Les violences ou la séduction des gouvernemens, l'intolérance des prêtres, les préjugés nationaux eux-mêmes, avoient perdu le funeste pouvoir d'étouffer la voix de la vérité, et rien ne pouvoit soustraire, ni les ennemis de la raison, ni les oppresseurs de la liberté, à un jugement qui devenoit bientôt celui de l'Europe entière.

Enfin, on y vit se développer une doctrine nouvelle qui devoit porter le dernier coup à l'édifice déjà chancelant des préjugés : c'est celle de la perfectibilité indéfinie de l'espèce humaine, doctrine dont Turgot, Price et Priestley ont été les premiers et les plus illustres apôtres ; elle appartient à la dixième époque, où nous la développerons avec étendue. Mais nous devons exposer ici l'origine et les progrès d'une fausse philosophie, contre laquelle l'appui de cette doctrine est devenu si nécessaire au triomphe de la raison.

Nés dans les uns de l'orgueil, dans les autres de l'intérêt, ayant pour but secret de perpétuer l'ignorance, et de prolonger le règne des erreurs, on en a vu les nombreux sectateurs, tantôt corrompre la raison par de brillans paradoxes, ou la séduire par la paresse commode d'un pyrrhonisme absolu; tantôt mépriser assez l'espèce humaine pour annoncer que le progrès des lumières seroit inutile ou dangereux à son bonheur comme à sa liberté; tantôt enfin, l'égarer par le faux enthousiasme d'une grandeur ou d'une sagesse imaginaires, qui dispensent la vertu d'être éclairée, et le bon sens de s'appuyer sur des connoissances réelles; ici, parler de la philosophie et des sciences profondes comme de théories trop supérieures à un être borné, entouré de besoins, et soumis à des devoirs journaliers et pénibles; ailleurs, les dédaigner comme un ramas de spéculations incertaines, exagérées, qui doivent disparoître devant l'expérience des affaires et l'habileté d'un homme d'état. Sans cesse on les entendoit se plaindre de la décadence des lumières au milieu de leurs progrès, gémir sur la dégradation de l'espèce humaine à mesure que les hommes se ressouvenoient de leurs droits, se servoient de leur raison ; annoncer même l'époque prochaine d'une de ces oscillations qui doivent la ramener à la barbarie, à l'ignorance, à l'esclavage, au moment où tout se réunissoit pour prouver qu'elle n'avoit plus à les redouter. Ils sembloient humiliés de son perfectionnement, parce qu'ils ne partageoient point la gloire d'y avoir contribué, ou effrayés de ses progrès, qui leur annonçoient la chute de leur importance ou de leur pouvoir. Cependant, quelques charlatans plus habiles que ceux qui, d'une main mal-adroite, s'efforçoient d'étayer l'édifice des superstitions antiques, dont la philosophie avoit sapé les fondemens, tentèrent, les uns d'en employer les ruines à l'établissement d'un système religieux, où l'on n'exigeroit de la raison, rétablie dans ses droits, qu'une demi-soumission ; où elle resteroit presque libre dans sa croyance, pourvu qu'elle consentît à croire quelque chose d'incompréhensible ;

tandis que d'autres essayoient de ressusciter dans des associations secrètes, les mystères oubliés de l'ancienne théurgie ; et laissant au peuple ses vieilles erreurs, enchaînant leurs disciples par des superstitions nouvelles, ils osoient espérer de rétablir, en faveur de quelques adeptes, l'ancienne tyrannie des rois-pontifes de l'Inde et de l'Egypte. Mais la philosophie, appuyée sur cette base inébranlable que les sciences lui avoient préparée, leur opposoit une barrière contre laquelle leurs impuissans efforts devoient bientôt se briser.

En comparant la disposition des esprits, dont j'ai ci-dessus tracé l'esquisse, avec ce système politique des gouvernemens, on pouvoit aisément prévoir qu'une grande révolution étoit infaillible : et il n'étoit pas difficile de juger qu'elle ne pouvoit être amenée que de deux manières ; il falloit, ou que le peuple établît lui-même ces principes de la raison et de la nature, que la philosophie avoit su lui rendre chers ; ou que les gouvernemens se hâtassent de le prévenir, et réglassent leur marche sur celle de ses opinions. L'une de ces révolutions devoit être plus entière et plus prompte, mais plus orageuse ; l'autre plus lente, plus incomplète, mais plus tranquille ; dans l'une, on devoit acheter la liberté et le bonheur par des maux passagers ; dans l'autre, on évitoit ces maux, mais on retardant pour long-temps, peut-être, la jouissance d'une partie des biens que cependant elle devoit infailliblement produire.

La corruption et l'ignorance des gouvernemens ont préféré le premier moyen, et le triomphe rapide de la raison et de la liberté a vengé le genre-humain.

Le simple bon sens avoit appris aux habitans des colonies britanniques que des Anglois, nés au-delà de l'Océan Atlantique, avoient reçu de la nature, précisément les mêmes droits que d'autres Anglois nés sous le méridien de Greenwich, et qu'une différence de soixante-dix degrés de longitude n'avoit pu les changer. Ils connoissoient, peut-être mieux que les Européens, quels étoient ces droits communs à tous les individus de l'espèce humaine, et ils y comprenoient celui de ne payer aucune taxe sans y avoir consenti. Mais le gouvernement britannique faisoit semblant de croire que Dieu avoit créé l'Amérique comme l'Asie, pour le plaisir des habitans de Londres, et vouloit en effet tenir entre ses mains, au-delà des mers, une nation sujette, dont il se serviroit, quand il en seroit temps, pour opprimer l'Angleterre européenne. Il ordonna aux dociles représentans du peuple anglois, de violer les droits de l'Amérique, et de la soumettre à des taxes involontaires. Elle prononça que l'injustice avoit brisé ses liens, et déclara son indépendance.

On vit alors, pour la première fois, un grand peuple délivré de toutes ses chaînes, se donner paisiblement à lui-même la constitution et les lois qu'il croyoit les plus propres à faire son bonheur ; et comme sa position géographique, son ancien état politique l'obligeoient à former une république fédérative, on vit se préparer à la fois dans son sein treize constitutions républicaines, ayant pour base une reconnoissance solemnelle des droits naturels de l'homme ; et pour premier objet, la conservation de ces droits.

droits. Nous tracerons le tableau de ces constitutions ; nous montrerons ce qu'elles doivent aux progrès des sciences politiques, et ce que les préjugés de l'éducation ont pu y mêler des anciennes erreurs ; pourquoi, par exemple, le système de l'équilibre des pouvoirs en altère encore la simplicité ; pourquoi elles ont eu pour principe l'identité des intérêts, plus encore que l'égalité des droits. Nous prouverons non-seulement, combien ce principe de l'identité des intérêts, si on en fait la règle des droits politiques, en est une violation à l'égard de ceux auxquels on se permet de ne pas en laisser l'entier exercice ; mais que cette identité cesse d'exister, précisément dans l'instant même où elle devient une véritable inégalité. Nous insisterons sur cet objet, parce que cette erreur est la seule qui soit encore dangereuse, parce qu'elle est la seule dont les hommes vraiment éclairés ne soient pas encore désabusés. Nous montrerons comment les républiques américaines ont réalisé cette idée, alors presque nouvelle en théorie, de la nécessité d'établir et de régler, par la loi, un mode régulier et paisible pour réformer les constitutions elles-mêmes, et de séparer ce pouvoir de celui de faire les lois.

Mais dans la guerre qui s'élevoit entre deux peuples éclairés, dont l'un défendoit les droits naturels de l'humanité, dont l'autre leur opposoit la doctrine impie qui soumet ces droits à la prescription, aux intérêts politiques, aux conventions écrites ; cette grande cause fut plaidée au tribunal de l'opinion, en présence de l'Europe entière ; les droits des hommes furent hautement soutenus et développés sans restriction, sans réserve, dans des écrits qui circuloient avec liberté, des bords de la Néva à ceux du Guadalquivir. Ces discussions pénétrèrent dans les contrées les plus asservies, dans les bourgades les plus reculées, et les hommes qui les habitoient furent étonnés d'entendre qu'ils avoient des droits ; ils apprirent à les connoître ; ils surent que d'autres hommes osoient les reconquérir ou les défendre.

La révolution américaine devoit donc s'étendre bientôt en Europe ; et s'il y existoit un peuple où l'intérêt pour la cause des

Américains eût répandu, plus qu'ailleurs, leurs écrits et leurs principes ; qui fût à la fois le pays le plus éclairé et un des moins libres ; celui où les philosophes avoient le plus de véritables lumières, et le gouvernement, une ignorance plus insolente et plus profonde ; un peuple où les lois fussent assez au-dessous de l'esprit public, pour qu'aucun orgueil national, aucun préjugé ne l'attachât à ses institutions antiques ; ce peuple n'étoit-il point destiné, par la nature même des choses, à donner le premier mouvement à cette révolution, que les amis de l'humanité attendoient avec tant d'espoir et d'impatience ? Elle devoit donc commencer par la France.

La maladresse de son gouvernement a précipité cette révolution ; la philosophie en a dirigé les principes ; la force populaire a détruit les obstacles qui en pouvoient arrêter les mouvemens.

Elle a été plus entière que celle de l'Amérique, et par conséquent moins paisible dans l'intérieur, parce que les Américains, contens des lois civiles et criminelles qu'ils avoient reçues de l'Angleterre, n'ayant point à réformer un système vicieux d'impositions ; n'ayant à détruire, ni tyrannies féodales, ni distinctions héréditaires, ni corporations privilégiées, riches ou puissantes, ni un système d'intolérance religieuse, se bornèrent à établir de nouveaux pouvoirs, à les substituer à ceux que la nation britannique avoit jusqu'alors exercés sur eux. Rien, dans ces innovations, n'atteignoit la masse du peuple ; rien ne changeoit les relations qui s'étoient formées entre les individus. En France, par la raison contraire, la révolution devoit embrasser l'économie toute entière de la société ; changer toutes les relations sociales, et pénétrer jusqu'aux derniers anneaux de la chaîne politique ; jusqu'aux individus qui, vivant en paix de leurs biens ou de leur industrie, ne tiennent aux mouvemens publics, ni par leurs opinions, ni par leurs occupations, ni par des intérêts de fortune, d'ambition ou de gloire.

Les Américains, qui paroissoient ne combattre que contre les préjugés tyranniques de la mère-patrie, eurent pour alliés les puissances rivales de l'Angleterre ; tandis que les autres, jalouses de ses richesses et de son orgueil, hâtoient, par des vœux secrets, le triomphe de la justice ; ainsi, l'Europe entière parut réunie contre les oppresseurs. Les François, au contraire, ont attaqué en même-temps, et le despotisme des rois, et l'inégalité politique des constitutions à demi-libres, et l'orgueil des nobles, et la domination, l'intolérance, les richesses des prêtres, et les abus de la féodalité, qui couvrent encore l'Europe presque entière ; et les puissances de l'Europe ont dû se liguer en faveur de la tyrannie. Ainsi, la France n'a pu voir s'élever en sa faveur, que la voix de quelques sages, et le vœu timide des peuples opprimés, secours que la calomnie devoit encore s'efforcer de lui ravir.

Nous montrerons pourquoi les principes sur lesquels la constitution et les lois de la France ont été combinées, sont plus purs, plus précis, plus profonds que ceux qui ont dirigé les Américains ; pourquoi ils ont échappé bien plus complètement à l'influence de toutes les espèces de préjugés ; comment l'égalité des droits n'y a, nulle part, été remplacée par cette identité d'intérêt, qui n'en est que le foible et hypocrite supplément ; comment on y a substitué les limites des pouvoirs, à ce vain équilibre si long-temps admiré ; comment, dans une grande nation nécessairement dispersée et partagée en un grand nombre d'assemblées isolées et partielles, on a osé, pour la première fois, conserver au peuple son droit de souveraineté, celui de n'obéir qu'à des lois dont le mode de formation, si elle est confiée à des représentans, ait été légitimé par son approbation immédiate ; dont, si elles blessent ses droits ou ses intérêts, il puisse toujours obtenir la réforme, par un acte régulier de sa volonté souveraine.

Depuis le moment où le génie de Descartes imprima aux esprits cette impulsion générale, premier principe d'une révolution dans les destinées de l'espèce humaine ; jusqu'à l'époque heureuse de l'entière et pure liberté sociale, où l'homme n'a pu remplacer son indépendance naturelle, qu'après avoir passé par une longue suite de siècles d'esclavage et de malheur, le tableau du progrès des sciences mathématiques et physiques nous présente un horizon immense, dont il faut distribuer et ordonner les diverses parties si l'on veut en bien saisir l'ensemble, en bien observer les rapports.

Non-seulement, l'application de l'algèbre à la géométrie, devint une source féconde de découvertes dans ces deux sciences; mais en prouvant, par ce grand exemple, comment les méthodes du calcul des grandeurs en général, pouvoient s'étendre à toutes les questions qui avoient pour objet la mesure de l'étendue; Descartes annonçoit d'avance qu'elles seroient employées, avec un succès égal, à tous les objets dont les rapports sont susceptibles d'être évalués avec précision, et cette grande découverte, en montrant pour la première fois ce dernier but des sciences, d'assujétir toutes les vérités à la rigueur du calcul, donnoit l'espérance d'y atteindre, et en faisoit entrevoir les moyens.

Bientôt à cette découverte succéda celle d'un calcul nouveau, qui enseigne à trouver les rapports des accroissemens ou des décroissemens successifs d'une quantité variable; ou à retrouver la quantité elle-même, d'après la connoissance de ce rapport ; soit que l'on suppose à ces accroissemens une grandeur finie, soit qu'on n'en cherche le rapport que pour l'instant où ils s'évanouissent ; méthode qui, s'étendant à toutes les combinaisons de grandeurs variables, à toutes les hypothèses de leurs variations, conduit également à déterminer, pour toutes les choses dont les changemens sont susceptibles d'une mesure précise, soit les rapports de leurs élémens, soit les rapports des choses, d'après la connoissance de ceux qu'elles ont entre elles-mêmes, lorsque ceux de leurs élémens sont seulement connus.

On doit à Newton et à Leibnitz l'invention de ces calculs, dont les travaux des géomètres de la génération précédente avoient préparé la découverte. Leurs progrès, non interrompus depuis plus d'un siècle, ont été l'ouvrage et ont fait la gloire de plusieurs hommes de génie, et ils présentent, aux yeux du philosophe qui peut les observer, même sans les suivre, un monument imposant des forces de l'intelligence humaine.

En exposant la formation et les principes de la langue de l'algèbre, la seule vraiment exacte, vraiment analytique qui existe encore ; la nature des procédés tecniques de cette science ; la comparaison de ces procédés avec les opérations naturelles de l'entendement humain, nous montrerons que, si cette méthode n'est, par elle-même, qu'un instrument particulier à la science des quantités, elle renferme les principes d'un instrument universel, applicables à toutes les combinaisons d'idées.

La mécanique rationnelle devient bientôt une science vaste et profonde. Les véritables lois du choc des corps, sur lesquelles Descartes s'étoit trompé, sont enfin connues.

Huyguens découvre celles du mouvement dans le cercle ; il donne en même-temps la méthode de déterminer à quel cercle chaque élément d'une courbe quelconque doit appartenir. En réunissant ces deux théories, Newton trouva la théorie du mouvement curviligne ; il l'applique à ces lois, suivant lesquelles Kepler a découvert que les planètes parcouroient leurs orbites elliptiques.

Une planète, qu'on suppose lancée dans l'espace en un instant donné, avec une vîtesse et suivant une direction déterminée, parcourt, autour du soleil, une ellipse en vertu d'une force dirigée vers cet astre, et proportionnelle à la raison inverse du carré des distances. La même force retient les satellites dans leurs orbites, autour de la planète principale. Elle s'étend à tout le système des corps célestes ; elle est réciproque entre tous les élémens qui les composent.

La régularité des ellipses planétaires en est troublée, et le calcul explique, avec précision, jusqu'aux nuances les plus légères de ces perturbations. Elle agit sur les comètes, dont la même théorie enseigne à déterminer les orbites, à prédire le retour. Les mouvemens observés dans les axes de rotation de la terre et de la lune, attestent encore l'existence de cette force universelle. Elle est enfin la cause de la pesanteur des corps terrestres, dans lesquels elle paroît constante, parce que nous ne pouvons les observer à des distances assez différentes entre elles, du centre d'action.

Ainsi, l'homme a connu enfin, pour la première fois, une des lois physiques de l'univers, et elle est unique encore jusqu'ici, comme la gloire de celui qui l'a révélée.

Cent ans de travaux ont confirmé cette loi, à laquelle tous les phénomènes célestes ont paru soumis avec une exactitude pour ainsi dire miraculeuse ; toutes les fois qu'un d'eux a paru s'y soustraire, cette incertitude passagère est devenue bientôt le sujet d'un nouveau triomphe.

La philosophie est presque toujours forcée de chercher, dans les ouvrages d'un homme de génie, le fil secret qui l'a dirigé ; mais ici, l'intérêt inspiré par l'admiration a fait découvrir et conserver, des anecdotes précieuses qui permettent de suivre pas à pas la marche de Newton. Elles nous serviront à montrer comment les heureuses combinaisons du hasard concourent, avec les efforts du génie, à une grande découverte, et comment des combinaisons moins favorables auroient pu les retarder, ou les réserver à d'autres mains.

Mais Newton fit plus, peut-être, pour

les progrès de l'esprit humain, que de découvrir cette loi générale de la nature; il apprit aux hommes à n'admettre, dans la physique, que des théories précises et calculées, qui rendissent raison, non-seulement de l'existence d'un phénomène, mais de sa quantité, de son étendue. Cependant, on l'accusa de renouveller ces qualités occultes des anciens, parce qu'il s'étoit borné à renfermer la cause générale des phénomènes célestes dans un fait simple, dont l'observation prouvoit l'incontestable réalité. Et cette accusation même prouve combien les méthodes des sciences avoient encore besoin d'être éclairées par la philosophie.

Une foule de problêmes de statique, de dynamique, avoient été successivement proposés et résolus, lorsque d'Alembert découvre un principe général, qui suffit seul pour déterminer le mouvement d'un nombre quelconque de points, animés de forces quelconques, et liés entre eux par des conditions. Bientôt il étend ce même principe aux corps finis d'une figure déterminée ; à ceux qui, élastiques ou flexibles, peuvent changer de figure, mais d'après certaines lois, et en conservant certaines relations entre leurs parties ; enfin, aux fluides eux-mêmes, soit qu'ils conservent la même densité, soit qu'ils se trouvent dans l'état d'expansibilité. Un nouveau calcul étoit nécessaire pour résoudre ces dernières questions, il ne peut échapper à son génie, et la mécanique n'est plus qu'une science de pur calcul.

Ces découvertes appartiennent aux sciences mathématiques ; mais la nature, soit de cette loi de la gravitation universelle, soit de ces principes de mécanique, les conséquences qu'on peut en tirer pour l'ordre éternel de l'univers, sont du ressort de la philosophie. On apprit que tous les corps sont assujétis à des lois nécessaires, qui tendent par elles-mêmes à produire ou à maintenir l'équilibre, à faire naître ou à conserver la régularité dans les mouvemens.

La connoissance de celles qui président aux phénomènes célestes, les découvertes de l'analyse mathématique qui conduisent à des méthodes plus précises d'en calculer les apparences, cette perfection dont on n'avoit pas même conçu l'espérance, à laquelle sont portés, et les instrumens d'optique, et ceux où l'exactitude des divisions devient la mesure de celle des observations; la précision des machines destinées à mesurer le temps ; le goût plus général pour les sciences, qui s'unit à l'intérêt des gouvernemens pour multiplier les astronomes et les observatoires; toutes ces causes réunies assurent les progrès de l'astronomie. Le ciel s'enrichit pour l'homme de nouveaux astres, et il sait en déterminer et en prévoir avec exactitude, et la position, et les mouvemens.

La physique, se délivrant peu à peu des explications vagues introduites par Descartes, comme elle s'étoit débarrassée des absurdités scolastiques, n'est plus que l'art d'interroger la nature par des expériences, pour chercher à en déduire ensuite, par le calcul, des faits plus généraux.

La pesanteur de l'air est connue et mesurée ; on découvre que la transmission de la lumière n'est pas instantanée ; on en détermine la vitesse ; on calcule les effets qui doivent en résulter, pour la position apparente des corps célestes ; le rayon solaire est décomposé en rayons plus simples, différemment refrangibles et diversement colorés. L'arc-en-ciel est expliqué, et les moyens de produire ou de faire disparoître ses couleurs, sont soumis au calcul. L'électricité, qui n'étoit connue que par la propriété de certaines substances, d'attirer les corps légers, après avoir été frottées, devient un des phénomènes généraux de l'univers. La cause de la foudre n'est plus un secret, et Franklin dévoile aux hommes l'art de la tourner et de la diriger à leur gré. Des instrumens nouveaux sont employés à mesurer les variations du poids de l'atmosphère, celle de l'humidité de l'air et les degrés de température des corps. Une science nouvelle, sous le nom de météorologie, apprend à connoître, quelquefois à prévoir les phénomènes de l'atmosphère, dont elle nous fera découvrir un jour les lois encore inconnues.

En présentant le tableau de ces découvertes, nous montrerons comment les méthodes, qui ont conduit les physiciens dans leurs recherches, se sont épurées et perfectionnées ; comment l'art de faire les expériences, de construire les instrumens, a successivement acquis plus de précision ; de manière que la physique, non-seulement s'est enrichie chaque jour de vérités nouvelles, mais que les vérités déjà prouvées ont acquis une exactitude plus grande ; que non-seulement une foule de faits inconnus ont été observés, analysés, mais que tous ont été soumis, dans leurs détails, à des mesures plus rigoureuses.

La physique n'avoit eu à combattre que les préjugés de la scolastique, et l'attrait, si séduisant pour la paresse, des hypothèses générales. D'autres obstacles retardoient les progrès de la chimie. On avoit imaginé qu'elle devoit donner le secret de faire de l'or, et celui de rendre immortel.

Les grands intérêts rendent l'homme superstitieux. On ne crut pas que de telles promesses, qui caressoient les deux plus fortes passions des ames vulgaires, et allumoient encore celle de la gloire, pussent être remplies par des moyens ordinaires ; et
tout

tout ce que la crédulité en délire avoit jamais inventé d'extravagances, sembloit s'être réuni dans la tête des chimistes.

Mais ces chimères cédèrent peu-à-peu à la philosophie mécanique de Descartes, qui rejetée elle-même, fit place à une chimie vraiment expérimentale. L'observation des phénomènes qui accompagnoient les compositions et les décompositions réciproques des corps, la recherche des lois de ces opérations, l'analyse des substances en élémens de plus en plus simples, acquirent une précision, une rigueur toujours croissante.

Mais il faut ajouter à ces progrès de la chimie, quelques-uns de ces perfectionnemens qui, embrassant le système entier d'une science, et consistant encore plus à en étendre les méthodes, qu'à augmenter le nombre des vérités qui en forment l'ensemble, présagent et préparent une heureuse révolution. Telle a été la découverte des nouveaux moyens de retenir, de soumettre aux expérience les fluides expansibles qui s'y étoient jusqu'alors, dérobés; découverte qui permettant d'agir sur une classe entière d'êtres

T

nouveaux, et sur ceux déjà connus, réduits à un état où ils échappoient à nos recherches ; qui ajoutant un élément de plus à presque toutes les combinaisons, a changé pour ainsi dire le système entier de la chimie. Telle a été la formation d'une langue, où les noms qui désignent les substances, expriment tantôt les rapports ou les différences de celles qui ont un élément commun ; tantôt la classe à laquelle elles appartiennent ; on y peut ajouter encore, soit l'usage d'une écriture scientifique, où ces substances sont représentées par des caractères analytiquement combinés, et qui peut même exprimer les opérations les plus communes, et les lois générales des affinités ; soit l'emploi de tous les moyens, de tous les instrumens, qui servent dans la physique à calculer avec une rigoureuse précision le résultat des expériences ; soit enfin l'application du calcul aux phénomènes de la cristallisation, aux lois suivant lesquelles les élémens de certains corps, affectent, en se réunissant, des formes régulières et constantes.

Les hommes qui n'avoient su long temps

qu'expliquer par des rêves superstitieux ou philosophiques, la formation du globe, avant de chercher à le bien connoître, ont enfin senti la nécessité d'étudier avec une attention scrupuleuse, soit à la surface, soit dans cette partie de l'intérieur où leurs besoins les ont fait pénétrer, et les substances qui s'y trouvent, et leur distribution fortuite ou régulière, et la disposition des masses qu'elles y ont formées. Ils ont appris à y reconnoître les traces de l'action lente et long-temps prolongée de l'eau de la mer, des eaux terrestres et du feu ; à distinguer la partie de la surface et de la croûte extérieure du globe, où les inégalités, la disposition des substances qu'on y trouve, et souvent ces substances mêmes, sont l'ouvrage de ces agens ; d'avec cette autre portion, formée en grande partie de substances hétérogènes et portant des marques de révolutions plus anciennes, dont les agens nous sont encore inconnus.

Les minéraux, les végétaux, les animaux, se divisent en plusieurs espèces, dont les individus ne diffèrent que par des variétés insensibles, peu constantes, ou produites par des causes purement locales : plusieurs de ces espèces, se rapprochent par un nombre plus ou moins grand de qualités communes qui servent à établir des divisions successives et de plus en plus étendues. Les naturalistes ont appris à classer méthodiquement les individus d'après des caractères déterminés, faciles à saisir, seul moyen de se reconnoître au milieu de cette innombrable multitude d'êtres divers. Ces méthodes sont une espèce de langue réelle, où chaque objet est désigné par quelques-unes de ses qualités les plus constantes, et au moyen de laquelle, en connoissant ces qualités, on peut retrouver le nom que porte un objet dans la langue de convention. Ces mêmes langues lorsqu'elles sont bien faites, apprennent encore quelles sont pour chaque classe d'êtres naturels, les qualités vraiment essentielles, dont la réunion emporte une ressemblance plus ou moins entière dans le reste de leurs propriétés.

Si l'on a vu quelquefois cet orgueil qui grossit aux yeux des hommes les objets d'une étude exclusive et de connoissances péniblement acquises, attacher à ces méthodes une importance exagérée, et prendre pour la science même ce qui n'étoit en quelque sorte que le dictionnaire et la grammaire de sa langue réelle, souvent aussi, par un excès contraire, une fausse philosophie a trop rabaissé ces mêmes méthodes, en les confondant avec des nomenclatures arbitraires, comme de futiles et laborieuses compilations.

L'ANALYSE chimique des substances qu'offrent les trois grands règnes de la nature, la description de leur forme extérieure, l'exposition de leurs qualités physiques, de leurs propriétés usuelles ; l'histoire du développement des corps organisés, animaux ou plantes, de leur nutrition et de leur reproduction, les détails de leur organisation, l'anatomie de leurs diverses parties, les fonctions de chacune d'elles, l'histoire des mœurs des animaux, de leur industrie pour se procurer de la nourriture, des abris, un logement ; pour saisir leur proie ou se dérober à leurs ennemis ; les sociétés de famille ou d'espèce qui se forment entre eux ; cette foule de vérités où l'on est conduit, en parcourant la chaîne immense des êtres ; les rapports dont les anneaux successifs conduisent, de la matière brute au plus foible degré d'organisation, de la matière organisée à celle qui donne les premiers indices de sensibilité et de mouvement spontané ; enfin de celle-ci jusqu'à l'homme ; les rapports de tous ces êtres avec lui, soit relativement à ses besoins, soit dans les analogies qui le rapprochent d'eux, ou dans les différences qui l'en séparent : tel est le tableau que nous présente aujourd'hui l'histoire naturelle.

L'HOMME physique est lui-même l'objet d'une science à part ; *l'anatomie* qui, dans son acception générale, renferme la physiologie, cette science qu'un respect superstitieux pour les morts, avoit retardée, a profité de l'affoiblissement général des préjugés, et y a heureusement opposé cet intérêt de leur propre conservation, qui lui a concilié le secours des hommes puissans. Ses progrès ont été tels, qu'elle semble en quelque sorte s'être épuisée, attendre des instrumens plus parfaits, et des méthodes nouvelles ; être presque réduite à chercher, dans la comparaison entre les parties des animaux et celles de l'homme, entre les organes communs à différentes espèces, entre la manière dont s'exercent des fonctions semblables, les vérités que l'observation directe de l'homme paroît aujourd'hui refuser. Presque tout ce que l'œil de l'observateur aidé du microscope, a pu découvrir, est déjà dévoilé. L'anatomie paroît avoir besoin du secours des expériences, si utile au progrès des autres sciences, et la nature de son objet éloigne d'elle ce moyen maintenant nécessaire à son perfectionnement.

La circulation du
nue; mais la disposition des vaisseaux qui portent le chile destiné à se mêler avec lui pour en réparer les pertes; mais l'existence d'un suc gastrique qui dispose les alimens à cette décomposition nécessaire, pour en séparer la portion propre à s'assimiler avec les fluides vivans, avec la matière organisée; mais les changemens qu'éprouvent les diverses parties, les divers organes, et dans l'espace qui sépare la conception de la naissance, et depuis cette époque, dans les différens âges de la vie; mais la distinction des parties douées de sensibilité, ou de cette

irritabilité, propriété découverte par Haller, et commune à presque tous les êtres organiques; voilà ce que la physiologie a su dans cette époque brillante, découvrir, et appuyer sur des observations certaines ; et tant de vérités importantes doivent obtenir grace pour ces explications mécaniques, chimiques, organiques, qui se succédant tour-à-tour, l'ont surchargée d'hypothèses funestes aux progrès de la science, dangereuses quand leur application s'est étendue jusqu'à la médecine.

Au tableau des sciences, doit s'unir celui des arts qui, s'appuyant sur elles, ont pris une marche plus sûre, et ont brisé les chaînes où la routine les avoit jusqu'alors retenus.

Nous montrerons l'influence que les progrès de la mécanique, ceux de l'astronomie, de l'optique et de l'art de mesurer le temps, ont exercée sur l'art de construire, de mouvoir, de diriger les vaisseaux. Nous exposerons comment l'accroissement du nombre des observateurs, l'habileté plus grande du navigateur, une exactitude plus rigoureuse dans les déterminations astronomiques des positions, et dans les méthodes topographiques, ont fait connoître enfin ce globe encore presque ignoré vers la fin du siècle dernier.

Combien les arts mécaniques proprement dits, ont dû de perfectionnemens à ceux de l'art de construire les instrumens, les machines, les métiers; et ceux-ci aux progrès d la mécanique rationelle et de la physique; ce que doivent ces mêmes arts, à la science d'employer les moteurs déjà connus, avec moins de dépense et de perte, ou à l'invention de nouveaux moteurs.

On verra l'architecture puiser dans la science de l'équilibre et dans la théorie des fluides, les moyens de donner aux voûtes des formes plus commodes et moins dispendieuses, sans craindre d'altérer la solidité des constructions; d'opposer à l'effort des eaux une résistance plus sûrement calculée, d'en diriger le cours, de les employer en canaux avec plus d'habileté et de succès.

On verra les arts chimiques s'enrichir de

procédés nouveaux ; épurer, simplifier les anciennes méthodes, se débarrasser de tout ce que la routine y avoit introduit de substances inutiles ou nuisibles, de pratiques vaines, ou imparfaites; tandis qu'on trouvoit en même-temps, les moyens de prévenir une partie des dangers souvent terribles, auxquels les ouvriers y étoient exposés; et qu'ainsi, en procurant plus de jouissance, plus de richesses, ils ne les faisoient plus acheter par des sacrifices si douloureux, et par tant de remords.

Cependant la chimie, la botanique, l'histoire naturelle, répandoient une lumière féconde sur les arts économiques, sur la culture des végétaux destinés à nos divers besoins ; sur l'art de nourrir, de multiplier, de conserver les animaux domestiques, d'en perfectionner les races, d'en améliorer les produits ; sur celui de préparer, de conserver les productions de la terre, ou les denrées que nous fournissent les animaux.

La chirurgie et la pharmacie, deviennent des arts presque nouveaux, dès l'instant où l'anatomie et la chimie viennent leur offrir des guides plus éclairés et plus sûrs.

La médecine qui, dans la pratique, doit être considérée comme un art, se délivre du moins de ses fausses théories, de son jargon pédantesque, de sa routine meurtrière, de sa soumission servile à l'autorité des hommes, aux doctrines des facultés; elle apprend à ne plus croire qu'à l'expérience. Elle a multiplié ses moyens, elle sait mieux les combiner, et les employer; et si dans quelques parties ses progrès sont en quelque sorte négatifs, s'ils se bornent à la destruction de pratiques dangereuses, des préjugés nuisibles, les méthodes nouvelles d'étudier la médecine chimique et de combiner les observations, annoncent des progrès plus réels et plus étendus.

Nous chercherons sur-tout à suivre cette marche du génie des sciences, qui tantôt descendant d'une théorie abstraite et profonde, à des applications savantes et délicates; simplifiant ensuite ses moyens, les proportionnant aux besoins, finit par répandre ses bienfaits sur les pratiques les plus vulgaires; et tantôt réveillé par les besoins de cette même pratique, va chercher dans les spéculations les plus élevées, les ressources que des connoissances communes auroient refusées.

Nous ferons voir que les déclamations contre l'inutilité des théories, même pour les arts les plus simples, n'ont jamais prouvé que l'ignorance des déclamateurs. Nous montrerons que ce n'est point à la profondeur de ces théories, mais au contraire à leur imperfection, qu'il faut attribuer l'inutilité ou les effets funestes, de tant d'applications malheureuses.

Ces observations conduiront à cette vérité générale, que dans tous les arts, les vérités de la théorie sont nécessairement modifiées dans la pratique; qu'il existe des inexactitudes réellement inévitables, dont il faut chercher à rendre l'effet insensible, sans se livrer au chimérique espoir de les prévenir; qu'un grand nombre de données relatives aux besoins, aux moyens, au temps, à la dépense, nécessairement négligées dans la théorie, doivent entrer dans le problème relatif à une pratique immédiate et réelle ; et qu'enfin, en y introduisant ces données avec une habileté qui est vraiment le génie de la pratique, on peut à la fois, et franchir les limites étroites où les préjugés contre la théorie, menacent de retenir les arts, et prévenir les erreurs dans lesquelles un usage mal-adroit de la théorie pourroit entraîner.

Les sciences qui s'étoient divisées, n'ont pu s'étendre sans se rapprocher, sans qu'il se formât entre elles des points de contact.

L'exposition des progrès de chaque science suffiroit pour montrer quelle a été dans plusieurs, l'utilité de l'application immédiate du calcul; combien dans presque toutes il a pu être employé à donner aux expériences et aux observations une précision plus grande; ce qu'elles ont dû à la mécanique qui leur a donné des instrumens plus parfaits et plus exacts ; combien la découverte des microscopes et celle des instrumens météorologiques ont contribué au perfectionnement de l'histoire naturelle ; ce que cette science doit à la chimie, qui seule a pu la conduire à une connoissance plus approfondie des objets qu'elle considère ; lui en dévoiler la nature la plus intime, les différences les plus essentielles, en lui en montrant la composition et les élémens ; tandis que l'histoire naturelle offroit à la chimie tant de produits à séparer et à recueillir, tant d'opérations à exécuter ; tant de combinaisons formées par la nature, dont il falloit séparer les véritables élémens, et quelquefois découvrir ou même imiter le secret ; enfin quels secours mutuels la physique et la chimie se sont prêtés, et combien l'anatomie en a déjà reçus, ou de l'histoire naturelle, ou de ces sciences.

Mais on n'auroit encore exposé que la plus petite portion des avantages, qu'on a reçus, qu'on peut attendre, de cette application. Plusieurs géomètres ont donné des méthodes générales de trouver, d'après les observations, les lois empiriques des phénomènes, méthodes qui s'étendent à toutes les sciences, puisqu'elles peuvent également conduire à connoître, soit la loi des valeurs successives d'une même quantité pour une suite d'instans ou de positions, soit celle suivant laquelle se distribuent, ou diverses propriétés, ou diverses valeurs d'une qualité semblable, entre un nombre donné d'objets.

Déja quelques applications ont prouvé, qu'on peut employer avec succès la science des combinaisons, pour disposer les observations, de manière à en pouvoir saisir avec plus de facilité les rapports, les résultats, et l'ensemble.

Celles du calcul des probabilités font présager combien elles peuvent concourir aux progrès des autres sciences; ici en déterminant la vraisemblance des faits extraordinaires et en apprenant à juger s'ils doivent être rejetés, ou si au contraire ils méritent d'être vérifiés; là en calculant celle du retour constant de ces faits qui se présentent souvent dans la pratique des arts, et qui ne sont point liés par eux-mêmes à un ordre déjà regardé comme une loi générale; tel est, par exemple, en médecine, l'effet salutaire de certains remèdes, le succès de certains préservatifs. Ces applications nous montrent encore, quelle est la probabilité qu'un ensemble de phénomènes résulte de l'intention d'un être intelligent, qu'il dépend d'autres phénomènes qui lui co-existent, ou l'ont précédé; et celle qu'il doive être attribué à cette cause nécessaire et inconnue que l'on nomme hasard; mot dont l'étude de ce calcul peut seul bien faire connoître le véritable sens.

Elles ont appris également à reconnoître les divers degrés de certitude où nous pouvons espérer d'atteindre, la vraisemblance d'après laquelle nous pouvons adopter une opinion, en faire la base de nos raisonnemens, sans blesser les droits de la raison et la règle de notre conduite, sans manquer à la prudence ou sans offenser la justice. Elles montrent quels sont les avantages ou les inconvéniens des diverses formes d'élection, des divers modes de décisions prises à la pluralité des voix; les différens degrés de probabilité qui en peuvent résulter; celui que l'intérêt public doit exiger suivant la nature de chaque question; les moyens, soit de l'obtenir presque sûrement lorsque la décision n'est pas nécessaire,

cessaire, ou que les inconvéniens de deux partis étant inégaux, l'un d'eux ne peut être légitime tant qu'il reste au-dessous de cette probabilité ; soit d'être assuré d'avance d'obtenir souvent cette même probabilité, lorsqu'au contraire la décision est nécessaire, et que la plus foible vraisemblance suffit pour s'y conformer.

On peut mettre encore au nombre de ces applications l'examen de la probabilité des faits, pour celui qui ne peut appuyer son adhésion sur ses propres observations; probabilité qui résulte, ou de l'autorité des témoignages, ou de la liaison de ces faits avec d'autres immédiatement observés

Combien les recherches sur la durée de la vie des hommes, sur l'influence qu'exercent sur cette durée, la différence des sexes, des températures, du climat, des professions, des gouvernemens, des habitudes de la vie ; sur la mortalité qui résulte des diverses maladies, sur les changemens que la population éprouve, sur l'étendue de l'action des diverses causes qui produisent ces changemens, sur la manière dont elle est distribuée dans chaque pays suivant les âges, les sexes, les occupations ; combien toutes ces recherches ne peuvent-elles pas être utiles à la connoissance physique de l'homme, à la médecine, à l'économie publique !

Combien celle-ci n'a-t-elle pas fait usage de ces mêmes calculs, pour les établissemens des rentes viagères, des tontines, des caisses d'accumulation et de secours, des chambres d'assurance de toute espèce !

L'application du calcul n'est-elle pas encore nécessaire à cette partie de l'économie publique qu'embrasse la théorie des mesures, celle des monnoies, des banques, des opérations de finances ; enfin celle des impositions, de leur répartition établie par la loi, de leur distribution réelle qui s'en écarte si souvent, de leurs effets sur toutes les parties du système social ?

Combien de questions importantes dans cette même science, n'ont pu être bien résolues, qu'à l'aide des connoissances acquises sur l'histoire naturelle, sur l'agriculture, sur la physique végétale, sur les arts mécaniques ou chimiques !

En un mot tel a été le progrès général des sciences, qu'il n'en est pour ainsi dire aucune qui puisse être embrassée toute entière dans ses principes, dans ses détails, sans être obligée d'emprunter le secours de toutes les autres.

En présentant ce tableau, et des vérités nouvelles dont chaque science s'est enrichie, et de ce que chacune doit à l'application des théories ou des méthodes qui semblent appartenir plus particulièrement à des connoissances d'un autre ordre ; nous chercherons quelle est la nature et la limite, des vérités auxquelles l'observation, l'expérience, la méditation peuvent nous conduire dans chaque science ; nous chercherons également en quoi, pour chacune d'elles, consiste précisément le talent de l'invention, cette première faculté de l'intelligence humaine, à laquelle on a donné le nom de *génie* ; par quelles opérations l'esprit peut atteindre les découvertes qu'il poursuit, ou quelquefois être conduit à celles qu'il ne cherchoit pas, qu'il n'avoit pa même prévoir. Nous montrerons comment les méthodes qui nous mènent à des découvertes, peuvent s'épuiser de manière que la science soit en quelque sorte forcée de s'arrêter, si des méthodes nouvelles ne viennent fournir un nouvel instrument au génie, ou lui faciliter l'usage de celles qu'il ne peut plus employer, sans y consommer trop de temps et de fatigues.

Si nous nous bornions à montrer les avantages qu'on a retirés des sciences dans leurs usages immédiats, ou dans leurs applications aux arts, soit pour le bien être des individus, soit pour la prospérité des nations, nous n'aurions fait connoître encore qu'une foible partie de leurs bienfaits. Le plus important peut-être est d'avoir détruit les préjugés, et redressé en quelque sorte l'intelligence humaine, forcée de se plier aux fausses directions que lui imprimoient les croyances absurdes, transmises à l'enfance de chaque génération, avec les terreurs de la superstition et la crainte de la tyrannie.

Toutes les erreurs en politique, en morale, ont pour base des erreurs philosophiques, qui elles-mêmes sont liées à des erreurs physiques. Il n'existe, ni un système religieux, ni une extravagance surnaturelle, qui ne soit fondé sur l'ignorance des lois de la nature. Les inventeurs, les défenseurs de ces absurdités, ne pouvoient prévoir le perfectionnement successif de l'esprit humain. Persuadés que les hommes savoient de leur temps tout ce qu'ils pouvoient jamais savoir, et croiroient toujours ce qu'ils croyoient alors, ils appuyoient avec confiance leurs rêveries sur les opinions générales de leur pays et de leur siècle.

Les progrès des connoissances physiques sont même d'autant plus funestes à ces erreurs, que souvent ils les détruisent sans paroître les attaquer, et en répandant sur ceux qui s'obstinent à les défendre le ridicule avilissant de l'ignorance.

En même temps l'habitude de raisonner juste sur les objets de ces sciences, les idées précises que donnent leurs méthodes, les moyens de reconnoître ou de prouver une vérité, doivent conduire naturellement à comparer le sentiment qui nous force d'adhérer à des opinions fondées sur ces motifs réels de crédibilité, et celui qui nous attache à nos préjugés d'habitude, ou qui nous force de céder à l'autorité : et cette comparaison suffit pour apprendre à se défier de ces dernières opinions, pour faire sentir qu'on ne les croit réellement pas, lors même qu'on se vante de les croire, qu'on les professe avec la plus pure sincérité. Or ce secret une fois découvert rend leur destruction prompte et certaine.

Enfin cette marche des sciences physiques que les passions et l'intérêt ne viennent pas troubler, où l'on ne croit pas que la naissance, la profession, les places donnent le droit de juger ce qu'on n'est pas en état d'entendre ; cette marche plus sûre ne pouvoit être observée sans que les hommes éclairés cherchassent dans les autres sciences à s'en rapprocher sans cesse ; elle leur offroit à chaque pas le modèle qu'ils devoient suivre, d'après lequel ils pouvoient juger de leurs propres efforts, reconnoître les fausses routes où ils auroient pu s'engager, se préserver du pyrrhonisme comme de la crédulité, et d'une aveugle défiance, d'une soumission trop entière même à l'autorité des lumières et de la renommée.

Sans doute l'analyse métaphysique conduisoit aux mêmes résultats ; mais elle n'eût donné que des préceptes abstraits, et ici les mêmes principes abstraits mis en action, étoient éclairés par l'exemple, fortifiés par le succès.

Jusqu'à cette époque les sciences n'avoient été que le patrimoine de quelques hommes ; déjà elles sont devenues communes, et le moment approche, où leurs élémens, leurs principes, leurs méthodes les plus simples deviendront vraiment populaires. C'est alors que leur application aux arts, que leur influence sur la justesse générale des esprits, sera d'une utilité vraiment universelle.

Nous suivrons les progrès des nations européennes dans l'instruction, soit des enfans, soit des hommes ; progrès foibles jusqu'ici, si l'on regarde seulement le systême philosophique de cette instruction, qui presque par-tout est encore livrée aux préjugés scolastiques; mais très-rapides, si l'on considère l'étendue et la nature des objets de l'enseignement; qui n'embrassant presque plus que des connoissances réelles, renferme les élémens de presque toutes les sciences, tandis que les hommes de tous les âges trouvent dans les dictionnaires, dans les abrégés, dans les journaux, les lumières dont ils ont besoin, quoiqu'elles n'y soient pas toujours assez pures. Nous examinerons quelle a été l'utilité de joindre l'instruction orale des sciences, à celle qu'on reçoit immédiatement par les livres et par l'étude; s'il a résulté quelque avantage de ce que le travail des compilations est devenu un véritable métier, un moyen de subsistance, ce qui a multiplié le nombre des ouvrages médiocres, mais en multipliant aussi pour les hommes peu instruits les moyens d'acquérir des connoissances communes. Nous exposerons l'influence qu'ont exercée sur les progrès de l'esprit humain, ces sociétés savantes, barrière qu'il sera encore long-temps utile d'opposer à la charlatannerie, et au faux savoir; nous ferons enfin, l'histoire des encouragemens donnés par les gouvernemens aux progrès de l'esprit humain, et des obstacles qu'ils y ont opposés souvent dans le même pays et à la même époque; nous ferons voir quels préjugés ou quels principes de machiavélisme, les ont dirigés dans cette opposition, à la marche des esprits vers la vérité; quelles vues de politique intéressée ou même de bien public les ont guidés, quand ils ont paru au contraire vouloir l'accélérer et la protéger.

Le tableau des beaux arts n'offre pas des résultats moins brillans. La musique est devenue en quelque sorte un art nouveau, en même-temps que la science des combinaisons et l'application du calcul aux vibrations du corps sonore, et des oscillations de l'air, en ont éclairé la théorie. Les arts du dessin, qui déjà avoient passé d'Italie en Flandre, en Espagne, en France, s'élevèrent, dans ce dernier pays, à ce même degré où l'Italie les avoit portés dans l'époque précédente, et ils s'y sont soutenus avec plus d'éclat qu'en Italie même. L'art de nos peintres est celui des Raphael et des Carraches. Tous ses moyens, conservés dans les écoles, loin de se perdre, ont été plus répandus. Cependant, il s'est écoulé trop de temps sans produire de génie qui puisse leur être comparé, pour n'attribuer qu'au hasard cette longue stérilité. Ce n'est pas que les moyens de l'art ayent été épuisés, queique les grands succès y soyent réellement devenus plus difficiles. Ce n'est pas que la nature nous ait refusé des organes aussi parfaits que ceux des Italiens du seizième siècle ; c'est uniquement aux changemens dans la politique, dans les mœurs, qu'il faut attribuer, non la décadence de l'art, mais la foiblesse de ses productions.

Les lettres cultivées en Italie avec moins de succès, mais sans y avoir dégénéré, ont fait, dans la langue françoise, des progrès qui lui ont mérité l'honneur de devenir en quelque sorte la langue universelle de l'Europe.

L'art tragique, entre les mains de Corneille, de Racine, de Voltaire, s'est élevé, par des progrès successifs, à une perfection jusqu'alors inconnue. L'art comique doit à Molière d'être parvenu plus promptement à une hauteur qu'aucune nation n'a pû encore atteindre.

En Angleterre, dès le commencement de cette époque, et dans un temps plus voisin de nous, en Allemagne, la langue s'est perfectionnée. L'art de la poésie, celui d'écrire en prose, ont été soumis, mais avec moins de docilité qu'en France, à ces règles universelles de la raison et de la nature qui doivent les diriger. Elles sont également vraies pour toutes les langues, pour tous les peuples; bien que jusqu'ici un petit nombre seulement ait pu les connoître, et s'élever à ce goût juste et sûr, qui n'est que le sentiment de ces mêmes règles; qui présidoit aux compositions de Sophocle et de Virgile, comme à celles de Pope ou de Voltaire; qui enseignoit aux Grecs, aux Romains, comme aux Français, à être frappés des mêmes beautés et révoltés des mêmes défauts.

Nous ferons voir ce qui, dans chaque nation, a favorisé ou retardé les progrès de ces arts ; par quelles causes les divers genres de poésie ou d'ouvrages en prose, ont atteint, dans les différens pays, une perfection si inégale, et comment ces règles universelles peuvent, sans blesser même les principes qui en sont la base, être modifiées par les mœurs, par les opinions des peuples qui doivent jouir des productions de ces arts, et par la nature même des usages auxquels leurs différens genres sont destinés. Ainsi, par exemple, la tragédie, récitée tous les jours devant un petit nombre de spectateurs dans une salle peu étendue, ne peut avoir les mêmes règles pratiques, que la tragédie chantée sur un théâtre immense dans des fêtes solemnelles où tout un peuple étoit invité. Nous essayerons de prouver que les règles du goût ont la même généralité, la même constance, mais sont susceptibles du même genre de modifications que les autres lois de l'univers moral et physique, quand il faut les appliquer à la pratique immédiate d'un art usuel.

Nous montrerons comment l'impression, multipliant, répandant les ouvrages mêmes destinés à être publiquement lus ou récités, les transmettent à un nombre de lecteurs incomparablement plus grand que celui des auditeurs ; comment presque toutes les décisions importantes, prises dans des assemblées nombreuses, étant déterminées d'après l'instruction que leurs membres reçoivent par la lecture, il a dû en résulter, entre les règles de l'art de persuader chez les anciens et chez les modernes, des différences analogues à celle de l'effet qu'il doit produire, et du moyen qu'il employe ; comment enfin, dans les genres et même chez les anciens, on se bornoit à la lecture des ouvrages, comme l'histoire ou la philosophie ; la facilité que donne l'invention de l'imprimerie, de se livrer à plus de développemens et de détails, a dû encore influer sur ces mêmes règles.

Les progrès de la philosophie et des sciences ont étendu, ont favorisé ceux des lettres, et celles-ci ont servi à rendre l'étude des sciences plus facile, et la philosophie plus populaire. Elles se sont prêtée un mutuel appui, malgré les efforts de l'ignorance et de la sottise pour les désunir pour les rendre ennemies. L'érudition, qu la soumission à l'autorité humaine, le respect pour les choses anciennes, sembloit destiner à soutenir la cause des préjugés nuisibles ; l'érudition a cependant aidé à les détruire, parce que les sciences et la philosophie lui ont prêté le flambeau d'une critique plus saine. Elle savoit déjà peser les autorités, les comparer entre elles ; elle a fini par les soumettre elle-même au tribunal de la raison. Elle avoit rejetté les prodiges, les contes absurdes, les faits contraires à la vraisemblance ; mais en attaquant les témoignages sur lesquels ils s'appuyoient, elle a su depuis les rejeter, malgré la force de ces témoignages, pour ne céder qu'à celle qui pourroit l'emporter sur l'invraisemblance physique ou morale des faits extraordinaires.

Ainsi, toutes les occupations intellectuelles des hommes, quelques différentes qu'elles soient par leur objet, leur méthode, ou par les qualités d'esprit qu'elles exigent, ont concouru aux progrès de la raison humaine. Il en est, en effet, du système entier des travaux des hommes, comme d'un ouvrage bien fait, dont les parties, distinguées avec méthode, doivent être cependant étroitement liées, ne former qu'un seul tout, et tendre à un but unique.

En portant maintenant un regard général sur l'espèce humaine, nous montrerons que la découverte des vraies méthodes dans toutes les sciences, l'étendue des théories qu'elles renferment, leur application à tous les objets de la nature, à tous les besoins des hommes, les lignes de communication qui se sont établies entre elles, le grand nombre de ceux qui les cultivent; enfin, la multiplication des imprimeries, suffisent pour nous répondre qu'aucune d'elles ne peut descendre désormais au-dessous du point où elle a été portée. Nous ferons observer que les principes de la philosophie, les maximes de la liberté, la connoissance des véritables droits de l'homme et de ses intérêts réels, sont répandues dans un trop grand nombre de nations, et dirigent dans chacune d'elles les opinions d'un trop grand nombre d'hommes éclairés, pour qu'on puisse redouter de les voir jamais retomber dans l'oubli.

Et quelle crainte pourroit-on conserver

encore, en voyant que les deux langues qui sont les plus répandues, sont aussi les langues des deux peuples qui jouissent de la liberté la plus entière ; qui en ont le mieux connu les principes ; en sorte que, ni aucune ligue de tyrans, ni aucune des combinaisons politiques possibles, ne peut empêcher de défendre hautement, dans ces deux langues, les droits de la raison, comme ceux de la liberté ?

Mais si tout nous répond que le genre humain ne doit plus retomber dans son ancienne barbarie ; si tout doit nous rassurer contre ce système pusillanime et corrompu, qui le condamne à d'éternelles oscillations entre la vérité et l'erreur, la liberté et la servitude, nous voyons en même-temps les lumières n'occuper encore qu'une foible partie du globe, et le nombre de ceux qui en ont de réelles, disparoître devant la masse des hommes livrés aux préjugés et à l'ignorance. Nous voyons de vastes contrées gémissant dans l'esclavage, et n'offrant que des nations, ici dégradées par les vices d'une civilisation dont la corruption rallentit la marche ; là végétant encore

encore dans l'enfance de ses premières époques. Nous voyons que les travaux de ces derniers âges ont beaucoup fait pour le progrès de l'esprit humain ; mais peu pour le perfectionnement de l'espèce humaine ; beaucoup pour la gloire de l'homme, quelque chose pour sa liberté, presque rien encore pour son bonheur. Dans quelques points, nos yeux sont frappés d'une lumière éclatante ; mais d'épaisses ténèbres couvrent encore un immense horizon. L'ame du philosophe se repose avec consolation sur un petit nombre d'objets ; mais le spectacle de la stupidité, de l'esclavage, de l'extravagance, de la barbarie, l'afflige plus souvent encore ; et l'ami de l'humanité ne peut goûter de plaisir sans mélange, qu'en s'abandonnant aux douces espérances de l'avenir.

Tels sont les objets qui doivent entrer dans un tableau historique des progrès de l'esprit humain. Nous chercherons, en les présentant, à montrer sur-tout l'influence de ces progrès sur les opinions, sur le bien-être de la masse générale des diverses nations aux différentes époques de leur existence politique ; à montrer quelles vérités elles ont connues, de quelles erreurs elles ont été détrompées, quelles habitudes vertueuses elles ont contractées, quel développement nouveau de leurs facultés a établi une proportion plus heureuse entre ces facultés et leurs besoins ; et sous un point de vue opposé, de quels préjugés elles ont été les esclaves, quelles superstitions religieuses ou politiques s'y sont introduites, par quels vices l'ignorance ou le despotisme les ont corrompues, à quelles misères la violence ou leur propre dégradation les ont soumises.

Jusqu'ici, l'histoire politique, comme celle de la philosophie et des sciences, n'a été que l'histoire de quelques hommes ; ce qui forme véritablement l'espèce humaine, la masse des familles qui subsistent presque en entier de leur travail, a été oubliée ; et même dans la classe de ceux qui, livrés à des professions publiques, agissent, non pour eux-mêmes, mais pour la société ; dont l'occupation est d'instruire, de gouverner, de défendre, de soulager les autres hommes ; les chefs seuls ont fixé les regards des historiens.

Pour l'histoire des individus, il suffit de recueillir les faits ; mais celle d'une masse d'hommes ne peut s'appuyer que sur des observations ; et pour les choisir, pour en saisir les traits essentiels, il faut déjà des lumières, et presque autant de philosophie que pour les bien employer.

D'ailleurs, ces observations ont ici pour objet des choses communes, qui frappent tous les yeux, que chacun peut, quand il veut, connoître par lui-même. Aussi, presque toutes celles qui ont été recueillies, sont dues à des voyageurs, ont été faites par des étrangers, parce que ces choses, si triviales dans le lieu où elles existent, deviennent pour eux un objet de curiosité. Or, malheureusement, ces voyageurs sont presque toujours des observateurs inexacts ; ils voient les objets avec trop de rapidité, au travers des préjugés de leur pays, et souvent par les yeux des hommes de la contrée qu'ils parcourent. Ils consultent ceux avec qui le hasard les a liés, et c'est l'intérêt, l'esprit de parti, l'orgueil national ou l'humeur, qui dictent presque toujours la réponse.

Ce n'est donc point seulement à la bassesse des historiens, comme on l'a reproché avec justice à ceux des monarchies, qu'il faut attribuer la disette des monumens d'après lesquels on peut tracer cette partie la plus importante de l'histoire des hommes.

On ne peut y suppléer qu'imparfaitement par la connoissance des lois, des principes pratiques de gouvernement et d'économie publique, ou par celle des religions, des préjugés généraux.

En effet, la loi écrite et la loi exécutée, les principes de ceux qui gouvernent, et la manière dont leur action est modifiée par l'esprit de ceux qui sont gouvernés, l'institution telle qu'elle émane des hommes qui la forment, et l'institution réalisée ; la religion des livres et celle du peuple, l'universalité apparente d'un préjugé, et l'adhésion réelle qu'il obtient, peuvent différer tellement, que les effets cessent absolument de répondre à ces causes publiques et connues.

C'est à cette partie de l'histoire de l'espèce humaine, la plus obscure, la plus négligée, et pour laquelle les monumens nous offrent si peu de matériaux, qu'on doit sur-tout s'attacher dans ce tableau ; et, soit qu'on y rende compte d'une découverte, d'une théorie importante, d'un nouveau système de lois, d'une révolution politique, on s'occupera de déterminer quels effets ont dû en résulter pour la portion la plus nombreuse de chaque société ; car c'est-là le véritable objet de la philosophie, puisque tous les effets intermédiaires de ces mêmes causes, ne peuvent être regardés que comme des moyens d'agir enfin, sur cette portion qui constitue vraiment la masse du genre humain.

C'est en parvenant à ce dernier degré de la chaîne, que l'observation des événemens passés, comme les connoissances acquises par la méditation, deviennent véritablement utiles. C'est en arrivant à ce terme, que les hommes peuvent apprécier leurs titres réels à la gloire, ou jouir avec un plaisir certain, des progrès de leur raison ; c'est-là qu'on peut juger seulement du véritable perfectionnement de l'espèce humaine.

Cette idée de tout rapporter à ce dernier point, est dictée par la justice et par la raison ; mais on seroit tenté de la regarder comme chimérique ; cependant, elle ne l'est pas : il doit nous suffire ici de le prouver par deux exemples frappans.

La possession des objets de consommation les plus communs, qui satisfont avec quelque abondance aux besoins de l'homme, dont les mains fertilisent notre sol, est due aux longs efforts d'une industrie secondée par la lumière des sciences ; et dès-lors, cette possession s'attache, par l'histoire, au gain de la bataille de Salamine, sans lequel les ténèbres du despotisme oriental menaçoient d'envelopper la terre entière. Le matelot, qu'une exacte observation de la longitude préserve du naufrage, doit la vie à une théorie qui, par une chaîne de vérités, remonte à des découvertes faites dans l'école de Platon, et ensevelies pendant vingt siècles dans une entière inutilité.

DIXIEME ÉPOQUE.

Des progrès futurs de l'esprit humain.

───────

SI l'homme peut prédire, avec une assurance presque entière, les phénomènes dont il connoît les lois ; si lors même qu'elles lui sont inconnues, il peut, d'après l'expérience du passé, prévoir avec une grande probabilité les événemens de l'avenir ; pourquoi regarderoit-on comme une entreprise chimérique, celle de tracer avec quelque vraisemblance, le tableau des destinées futures de l'espèce humaine, d'après les résultats de son histoire. Le seul fondement de croyance dans les sciences naturelles, est cette idée, que les lois générales, connues ou ignorées, qui règlent les phénomènes de l'univers, sont nécessaires et constantes ; et par quelle raison ce principe seroit-il moins vrai pour le développement des facultés intellectuelles et morales de l'homme, que pour les autres opérations de la nature ? Enfin, puisque des opinions formées d'après l'expérience du passé, sur des objets du même ordre, sont la seule règle de la conduite des hommes les plus sages, pourquoi interdiroit-on au philosophe d'appuyer ses conjectures sur cette même base, pourvu qu'il ne leur attribue pas une certitude supérieure à celle qui peut naître du nombre, de la constance, de l'exactitude des observations ?

Nos espérances, sur l'état à venir de l'espèce humaine, peuvent se réduire à ces trois points importans : la destruction de l'inégalité entre les nations ; les progrès de l'égalité dans un même peuple ; enfin, le perfectionnement réel de l'homme. Toutes les nations doivent-elles se rapprocher un jour de l'état de civilisation où sont parvenus les peuples les plus éclairés, les plus libres, les plus affranchis de préjugés, tels que les François et les Anglo-Américains ? Cette distance immense qui sépare ces peuples de la servitude des nations soumises à des rois, de la barbarie des peuplades africaines, de l'ignorance des sauvages, doit-elle peu-à-peu s'évanouir ?

Y a-t-il, sur le globe, des contrées dont la nature ait condamné les habitans à ne jamais jouir de la liberté, à ne jamais exercer leur raison ?

Cette différence de lumières, de moyens ou de richesses, observée jusqu'à présent chez tous les peuples civilisés, entre les différentes classes qui composent chacun d'eux ; cette inégalité, que les premiers progrès de la société ont augmentée, et pour ainsi dire produite, tient-elle à la civilisation même, ou aux imperfections actuelles de l'art social ? doit-elle continuellement s'affoiblir pour faire place à cette égalité de fait, dernier but de l'art social, qui, diminuant même les effets de la différence naturelle des facultés, ne laisse plus subsister qu'une inégalité utile à l'intérêt de tous, parce qu'elle favorisera les progrès de la civilisation, de l'instruction et de l'industrie, sans entraîner, ni dépendance, ni humiliation, ni appauvrissement ? en un mot, les hommes approcheront-ils de cet état, où tous auront les lumières nécessaires pour se conduire d'après leur propre raison dans les affaires communes de la vie, et la maintenir exempte de préjugés ; pour bien connoître leurs droits et les exercer d'après leur opinion et leur conscience ; où tous pourront, par le développement de leurs facultés, obtenir des moyens sûrs de pourvoir à leurs besoins ; où enfin, la stupidité et la misère ne seront plus que des accidens, et non l'état habituel d'une portion de la société ?

Enfin, l'espèce humaine doit-elle s'améliorer, soit par de nouvelles découvertes dans les sciences et dans les arts, et par une conséquence nécessaire, dans les moyens de bien-être particulier et de prospérité commune ; soit par des progrès dans les principes de conduite et dans la morale pratique ; soit enfin par le perfectionnement réel des facultés intellectuelles, morales et physiques, qui peut être également la suite, ou de celui des instrumens qui augmentent l'intensité ou dirigent l'emploi de ces facultés, ou même de celui de l'organisation naturelle.

En répondant à ces trois questions, nous trouverons, dans l'expérience du passé, dans l'observation des progrès que les sciences, que la civilisation ont faits jusqu'ici, dans l'analyse de la marche de l'esprit humain et du développement de ses facultés, les motifs les plus forts de croire que la nature n'a mis aucun terme à nos espérances.

Si nous jetons un coup-d'œil sur l'état actuel du globe, nous verrons d'abord que, dans l'Europe, les principes de la constitution françoise sont déjà ceux de tous les hommes éclairés. Nous les y verrons trop répandus, et trop hautement professés, pour que les efforts des tyrans et des prêtres puissent les empêcher de pénétrer peu-à-peu jusqu'aux cabanes de leurs esclaves ; et ces principes y réveilleront bientôt un reste de bon sens, et cette sourde indignation que l'habitude de l'humiliation et de la terreur ne peuvent étouffer dans l'ame des opprimés.

En parcourant ensuite ces diverses nations, nous verrons dans chacune quels obstacles particuliers s'opposent à cette révolution, ou quelles dispositions la favorisent ; nous distinguerons celles où elle doit être doucement amenée par la sagesse peut-être déjà tardive de leurs gouvernemens, et celles où, rendue plus violente par leur résistance, elle doit les entraîner eux-mêmes dans ses mouvemens terribles et rapides.

Peut-on douter que la sagesse ou les divisions insensées des nations européennes, secondant les effets lents, mais infaillibles, des progrès de leurs colonies, ne produisent bientôt l'indépendance du nouveau monde; et dès lors, la population européenne, prenant des accroissemens rapides sur cet immense territoire, ne doit-elle pas civiliser ou faire disparoître, même sans conquête, les nations sauvages qui y occupent encore de vastes contrées?

Parcourez l'histoire de nos entreprises, de nos établissemens en Afrique ou en Asie, vous verrez nos monopoles de commerce, nos trahisons, notre mépris sanguinaire pour les hommes d'une autre couleur ou d'une autre croyance, l'insolence de nos usurpations, l'extravagant prosélytisme ou les intrigues de nos prêtres, détruire ce sentiment de respect et de bienveillance que la supériorité de nos lumières et les avantages de notre commerce avoient d'abord obtenu.

Mais l'instant approche sans doute où, cessant de ne leur montrer que des corrupteurs ou des tyrans, nous deviendrons pour eux des instrumens utiles, ou de généreux libérateurs.

La culture du sucre, s'établissant dans l'immense continent de l'Afrique, détruira le honteux brigandage qui la corrompt et la dépeuple depuis deux siècles.

Déja, dans la Grande-Bretagne, quelques amis de l'humanité en ont donné l'exemple; et si son gouvernement machiavéliste, forcé de respecter la raison publique, n'a osé s'y opposer, que ne doit-on pas espérer du même esprit, lorsqu'après la réforme d'une constitution servile et vénale, il deviendra digne d'une nation humaine et généreuse? La France ne s'empressera-t-elle pas d'imiter ces entreprises, que la philanthropie et l'intérêt bien entendu de l'Europe ont également dictées? Les épiceries ont été portées dans les îles françaises, dans la Guyanne, dans quelques possessions angloises, et bientôt on verra la chute de ce monopole, que les Hollandois ont soutenu par tant de trahisons, de vexations et de crimes. Les nations de l'Europe apprendront enfin que les compagnies exclusives ne sont qu'un impôt mis sur elles, pour donner à leurs gouvernemens un nouvel instrument de tyrannie.

Alors les Européens, se bornant à un commerce libre, trop éclairés sur leurs propres droits pour se jouer de ceux des autres peuples, respecteront cette indépendance, qu'ils ont jusqu'ici violée avec tant d'audace. Leurs établissemens, au lieu de se remplir de protégés des gouvernemens qui, à la faveur d'une place ou d'un privilége, courent amasser des trésors par le brigandage et la perfidie, pour revenir acheter en Europe des honneurs et des titres, se peupleront d'hommes industrieux, qui iront chercher dans ces climats heureux l'aisance qui les fuyoit dans leur patrie. La liberté les y retiendra, l'ambition cessera de les rappeler, et ces comptoirs de brigands deviendront des colonies de citoyens qui répandront, dans l'Afrique et dans l'Asie, les principes et l'exemple de la liberté, les lumières et la raison de l'Europe. A ces moines, qui ne portoient chez ces peuples que de honteuses superstitions, et qui les révoltoient en les menaçant d'une domination nouvelle, on verra succéder des hommes occupés de répandre, parmi ces nations, les vérités utiles à leur bonheur, de les éclairer sur leurs intérêts comme sur leurs droits. Le zèle pour la vérité est aussi une passion, et il doit porter ses efforts vers les contrées éloignées, lorsqu'il ne verra plus autour de lui de préjugés grossiers à combattre, d'erreurs honteuses à dissiper.

Ces vastes pays lui offriront ici des peuples nombreux, qui semblent n'attendre, pour se civiliser, que d'en recevoir de nous les moyens, et de trouver des frères dans les Européens, pour devenir leurs amis et leurs disciples; là, des nations asservies sous des despotes sacrés ou des conquérans stupides, et qui, depuis tant de siècles, appellent des libérateurs; ailleurs, des peuplades presque sauvages, que la dureté de leur climat éloigne des douceurs d'une civilisation perfectionnée, tandis que cette même dureté repousse également ceux qui voudroient leur en faire connoître les avantages; ou des hordes conquérantes, qui ne connoissent de loi que la force, de métier que le brigandage. Les progrès de ces deux dernières classes de peuples seront plus lents, accompagnés de plus d'orages ; peut-être même que, réduits à un moindre nombre, à mesure qu'ils se verront repoussés par les nations civilisées, ils finiront par disparoître insensiblement, ou se perdre dans leur sein.

Nous montrerons comment ces événemens seront une suite infaillible, non-seulement des progrès de l'Europe, mais même de la liberté que la république française, et celle de l'Amérique Septentrionale, ont à la fois, et l'intérêt le plus réel, et le pouvoir de rendre au commerce de l'Afrique et de l'Asie ; comment ils doivent naître aussi nécessairement, ou de la nouvelle sagesse des nations européennes, ou de leur attachement opiniâtre à leurs préjugés mercantiles.

Nous ferons voir qu'une seule combinaison, une nouvelle invasion de l'Asie par les Tartares, pourroit empêcher cette révolution,

révolution, et que cette combinaison est désormais impossible. Cependant, tout prépare la prompte décadence de ces grandes religions de l'orient, qui, presque par-tout abandonnées au peuple, partageant l'avilissement de leurs ministres, et déjà dans plusieurs contrées réduites à n'être plus, aux yeux des hommes puissans, que des inventions politiques, ne menacent plus de retenir la raison humaine dans un esclavage sans espérance, et dans une enfance éternelle.

La marche de ces peuples seroit plus prompte et plus sûre que la nôtre, parce qu'ils recevroient de nous ce que nous avons été obligés de découvrir, et que pour connoître ces vérités simples, ces méthodes certaines auxquelles nous ne sommes parvenus qu'après de longues erreurs, il leur suffiroit d'en avoir pu saisir les développemens et les preuves dans nos discours et dans nos livres. Si les progrès des Grecs ont été perdus pour les autres nations, c'est le défaut de communication entre les peuples; c'est la domination tyrannique des Romains qu'il en faut accuser. Mais quand des besoins mutuels ayant rapproché tous les hommes, les nations les plus puissantes auront placé l'égalité entre les sociétés comme entre les individus, le respect pour l'indépendance des états foibles, comme l'humanité pour l'ignorance et la misère, au rang de leurs principes politiques ; quand à des maximes qui tendent à comprimer le ressort des facultés humaines, auront succédé celles qui en favorisent l'action et l'énergie, seroit-il alors permis de redouter encore qu'il reste sur le globe des espaces inaccessibles à la lumière, ou que l'orgueil du despotisme puisse opposer à la vérité des barrières long-temps insurmontables ?

Il arrivera donc, ce moment où le soleil n'éclairera plus, sur la terre, que des hommes libres, et ne reconnoissant d'autre maître que leur raison ; où les tyrans et les esclaves, les prêtres et leurs stupides ou hypocrites instrumens n'existeront plus que dans l'histoire et sur les théâtres ; où l'on ne s'en occupera plus que pour plaindre leurs victimes et leurs dupes, pour s'entretenir, par l'horreur de leurs excès, dans une utile vigilance, pour savoir reconnoître et étouffer, sous le poids de la raison, les premiers germes de la superstition et de la tyrannie, si jamais ils osoient reparoître.

En parcourant l'histoire des sociétés, nous aurons eu l'occasion de faire voir que souvent il existe un grand intervalle entre les droits que la loi reconnoît dans les citoyens, et les droits dont ils ont une jouissance réelle ; entre l'égalité qui est établie par les institutions politiques, et celle qui existe entre les individus : nous aurons fait remarquer que cette différence a été une des principales causes de la destruction de la liberté dans les républiques anciennes, des orages qui les ont troublées, de la foiblesse qui les a livrées à des tyrans étrangers.

Ces différences ont trois causes principales : l'inégalité de richesse, l'inégalité d'état entre celui dont les moyens de subsistance, assurés pour lui-même, se transmettent à sa famille, et celui pour qui ces moyens sont dépendans de la durée de sa vie, ou plutôt de la partie de sa vie où il est capable de travail ; enfin, l'inégalité d'instruction.

Il faudra donc montrer que ces trois espèces d'inégalité réelle doivent diminuer continuellement, sans pourtant s'anéantir, car elles ont des causes naturelles et nécessaires, qu'il seroit absurde et dangereux de vouloir détruire ; et l'on ne pourroit même tenter d'en faire disparoître entièrement les effets, sans ouvrir des sources d'inégalité plus fécondes, sans porter aux droits des hommes des atteintes plus directes et plus funestes.

Il est aisé de prouver que les fortunes tendent naturellement à l'égalité, et que leur excessive disproportion, ou ne peut exister, ou doit promptement cesser, si les lois civiles n'établissent pas des moyens factices de les perpétuer et de les réunir ; si la liberté du commerce et de l'industrie fait disparoître l'avantage que toute loi prohibitive, tout droit fiscal, donnent à la richesse acquise ; si des impôts sur les conventions, les restrictions mises à leur liberté, leur assujétissement à des formalités gênantes ; enfin, l'incertitude et les dépenses nécessaires pour en obtenir l'exécution, n'arrêtent pas l'activité du pauvre, et n'engloutissent pas ses foibles capitaux ; si l'administration publique n'ouvre point à quelques hommes des sources abondantes d'opulence, fermées au reste des citoyens ; si les préjugés et l'esprit d'avarice, propre à l'âge avancé, ne président point aux mariages ; si enfin, par la simplicité des mœurs et la sagesse des institutions, les richesses ne sont plus des moyens de satisfaire la vanité ou l'ambition, sans que cependant une austérité mal entendue, ne permettant plus d'en faire un moyen de jouissances recherchées, force de conserver celles qui ont été une fois accumulées.

Comparons, dans les nations éclairées de l'Europe, leur population actuelle et l'étendue de leur territoire. Observons, dans le spectacle que présente leur culture et leur industrie, la distribution des travaux et des moyens de subsistance, et nous verrons qu'il seroit impossible de conserver ces moyens dans le même degré, et par une conséquence nécessaire, d'entretenir la même masse de population, si un grand nombre d'individus cessoient de n'avoir, pour subvenir presque entièrement à leurs besoins ou à ceux de leur famille, que leur industrie, et ce qu'ils tirent des capitaux employés à l'acquérir ou à en augmenter le produit. Or, la conservation de l'une et de l'autre de ces ressources dépend de la vie, de la santé même du chef de chaque famille. C'est en quelque sorte une fortune viagère, ou même plus dépendante du hasard ; et il en résulte une différence très-réelle entre cette classe d'hommes et celle dont les ressources ne sont point assujéties aux mêmes risques, soit que le revenu d'une terre, ou l'intérêt d'un capital presque indépendant de leur industrie, fournisse à leurs besoins.

Il existe donc une cause nécessaire d'inégalité, de dépendance et même de misère, qui menace sans cesse la classe la plus nombreuse et la plus active de nos sociétés.

Nous montrerons qu'on peut la détruire en grande partie, en opposant le hasard à lui-même, en assurant à celui qui atteint la vieillesse, un secours produit par ses épargnes, mais augmenté de celles des individus qui, en faisant le même sacrifice, meurent avant le moment d'avoir besoin d'en recueillir le fruit ; en procurant, par l'effet d'une compensation semblable aux femmes, aux enfans, pour le moment où ils perdent leur époux ou leur père, une ressource égale et acquise au même prix, soit pour les familles qu'afflige une mort prématurée, soit pour celles qui conservent leur chef plus long-temps ; enfin, en préparant aux enfans qui atteignent l'âge de travailler pour eux-mêmes, de fonder une famille nouvelle, l'avantage d'un capital nécessaire au développement de leur industrie, et s'accroissant aux dépens de ceux qu'une mort trop prompte empêche d'arriver à ce terme. C'est à l'application du calcul aux probabilités de la vie et aux placemens d'argent, que l'on doit l'idée de ces moyens, déjà employés avec succès, sans jamais l'avoir été cependant avec cette étendue, avec cette variété de formes qui les rendroient vraiment utiles, non pas seulement à quelques individus, mais à la masse entière de la société qu'ils délivreroient de cette ruine périodique d'un grand nombre de familles, source toujours renaissante de corruption et de misère.

Nous ferons voir que ces établissemens,

qui peuvent être formés au nom de la puissance sociale, et devenir un de ses plus grands bienfaits, peuvent être aussi le résultat d'associations particulières, qui se formeront sans aucun danger, lorsque les principes, d'après lesquels les établissemens doivent s'organiser, seront devenus plus populaires, et que les erreurs qui ont détruit un grand nombre de ces associations cesseront d'être à craindre pour elles.

Nous exposerons d'autres moyens d'assurer cette égalité, soit en empêchant que le crédit continue d'être un privilége si exclusivement attaché à la grande fortune, et en lui donnant cependant une base non moins solide ; soit en rendant les progrès de l'industrie, et l'activité du commerce plus indépendans de l'existence des grands capitalistes ; et c'est encore à l'application du calcul que l'on devra ces moyens.

L'ÉGALITÉ d'instruction que l'on peut espérer d'atteindre, mais qui doit suffire, est celle qui exclut toute dépendance, ou forcée, ou volontaire. Nous montrerons, dans l'état actuel des connoissances humaines, les moyens faciles de parvenir à ce but, même pour ceux qui ne peuvent donner à l'étude qu'un petit nombre de leurs premières années, et dans le reste de leur vie, quelques heures de loisir. Nous ferons voir que par un choix heureux, et des connoissances elles-mêmes, et des méthodes de les enseigner, on peut instruire la masse entière d'un peuple, de tout ce que chaque homme a besoin de savoir pour l'économie domestique, pour l'administration de ses affaires, pour le libre développement de son industrie et de ses facultés, pour connoître ses droits, les défendre et les exercer ; pour être instruit de ses devoirs, pour pouvoir les bien remplir, pour juger ses actions et celles des autres, d'après ses propres lumières, et n'être étranger à aucun des sentimens élevés ou délicats qui honorent la nature humaine ; pour ne point dépendre aveuglément de ceux à qui il est obligé de confier le soin de ses affaires ou l'exercice de ses droits ; pour être en état de les choisir et de les surveiller, pour n'être plus la dupe de ces erreurs populaires qui tourmentent la vie de craintes superstitieuses et d'espérances chimériques ; pour se défendre contre les préjugés avec les seules forces de sa raison ; enfin, pour échapper aux prestiges du charlatanisme, qui tendroit des piéges à sa fortune, à sa santé, à la liberté de ses opinions et de sa conscience, sous prétexte de l'enrichir, de le guérir et de le sauver.

Dès-lors, les habitans d'un même pays, n'étant plus distingués entre eux par l'usage d'une langue plus grossière ou plus raffinée, pouvant également se gouverner par leurs propres lumières, n'étant plus bornés à la connoissance machinale des procédés d'un art et de la routine d'une profession, ne dépendant plus, ni pour les moindres affaires, ni pour se procurer la moindre instruction, d'hommes habiles qui les gouvernent par un ascendant nécessaire, il doit en résulter une égalité réelle, puisque la différence des lumières ou des talens ne peut plus élever une barrière entre des hommes à qui leurs sentimens, leurs idées, leur langage permet de s'entendre, dont les uns peuvent avoir le désir d'être instruits par les autres, mais n'ont pas besoin d'être conduits par eux ; dont les uns peuvent vouloir confier aux plus éclairés le soin de les gouverner, mais non être forcés de le leur abandonner avec une aveugle confiance.

C'est alors que cette supériorité devient un avantage pour ceux même qui ne le partagent pas, qu'elle existe pour eux, et non contre eux. La différence naturelle des facultés entre les hommes, dont l'entendement n'a point été cultivé, produit, même chez les sauvages, des charlatans et des dupes; des gens habiles et des hommes faciles à tromper; la même différence existe sans doute dans un peuple où l'instruction est vraiment générale, mais elle n'est plus qu'entre les hommes éclairés, et les hommes d'un esprit droit, qui sentent le prix des lumières sans en être éblouis; entre le talent ou le génie, et le bon sens qui sait les apprécier et en jouir; et quand même cette différence seroit plus grande, si on compare seulement la force, l'étendue des facultés; elle ne deviendroit pas moins insensible, si on n'en compare que les effets dans les relations des hommes entre eux, dans ce qui intéresse leur indépendance et leur bonheur.

Ces diverses causes d'égalité n'agissent point d'une manière isolée ; elles s'unissent, se pénètrent, se soutiennent mutuellement, et de leurs effets combinés, résulte une action plus forte, plus sûre, plus constante. Si l'instruction est plus égale, il en naît une plus grande égalité dans l'industrie, et dès-lors dans les fortunes ; et l'égalité des fortunes contribue nécessairement à celle de l'instruction, tandis que l'égalité entre les peuples, comme celle qui s'établit pour chacun, ont encore l'une sur l'autre une influence mutuelle.

Enfin, l'instruction bien dirigée corrige l'inégalité naturelle des facultés, au lieu de la fortifier, comme les bonnes lois remédient à l'inégalité naturelle des moyens de subsistance ; comme dans les sociétés où les institutions auront amené cette égalité, la liberté, quoique soumise à une constitution régulière, sera plus étendue, plus entière que dans l'indépendance de la vie sauvage. Alors, l'art social a rempli son but, celui d'assurer et d'étendre pour tous la jouissance des droits communs, auxquels ils sont appelés par la nature.

Les avantages réels, qui doivent résulter des progrès dont on vient de montrer une espérance presque certaine, ne peuvent avoir de terme que celui du perfectionnement même de l'espèce humaine, puisque, à mesure que divers genres d'égalité l'établiront pour des moyens plus vastes de pourvoir à nos besoins, pour une instruction plus étendue, pour une liberté plus complète, plus cette égalité sera réelle, plus elle sera près d'embrasser tout ce qui intéresse véritablement le bonheur des hommes.

C'est donc en examinant la marche et les lois de ce perfectionnement, que nous pourrons seulement connoître l'étendue ou le terme de nos espérances.

Personne n'a jamais pensé que l'esprit pût épuiser, et tous les faits de la nature, et les derniers moyens de précision dans la mesure, dans l'analyse de ces faits, et les rapports des objets entre eux, et toutes les combinaisons possibles d'idées. Les seuls rapports des grandeurs, les combinaisons de cette seule idée, la quantité ou l'étendue, forment un système déjà trop immense, pour que jamais l'esprit humain puisse le saisir tout entier, pour qu'une portion de ce système, toujours plus vaste que celle qu'il aura pénétrée, ne lui reste toujours inconnue. Mais on a pu croire que l'homme ne pouvant jamais connoître qu'une partie des objets auxquels la nature de son intelligence lui permet d'atteindre, il doit cependant rencontrer enfin un terme où le nombre et la complication de ceux qu'il connoît déjà, ayant absorbé toutes ses forces, tout progrès nouveau lui deviendroit réellement impossible.

Mais comme à mesure que les faits se multiplient, l'homme apprend à les classer, à les réduire à des faits plus généraux ; comme les instrumens et les méthodes qui servent à les observer, à les mesurer avec exactitude, acquièrent en même-temps une précision nouvelle ; mais comme à mesure que l'on connoît, entre un plus grand nombre d'objets, des rapports plus multipliés, on parvient à les réduire à des rapports plus étendus, et les renfermer sous des expressions plus simples, à les présenter sous des formes qui permettent d'en saisir un plus grand nombre, même en ne possédant qu'une même force de tête, et n'employant qu'une égale intensité d'attention; comme à mesure que l'esprit s'élève à des combinaisons plus compliquées, des formules plus simples les lui rendent bientôt faciles: les vérités, dont la découverte a coûté le plus d'efforts, qui d'abord n'ont pu être entendues que par des hommes capables de m[...] profondes, sont bientôt après [...] et prouvées par des méthodes [...] plus au-dessus d'une intelligence [...]ne. Si les méthodes qui conduisoient [...] combinaisons nouvelles sont épuisées, [s]i leurs applications aux questions non encore résolues, exigent des travaux qui excèdent, ou le temps, ou les forces des savans, bientôt des méthodes plus générales, des moyens plus simples viennent ouvrir un nouveau champ au génie. La vigueur, l'étendue réelle des têtes humaines sera restée la même; mais les instrumens qu'elles peuvent employer se seront multipliés et perfectionnés; mais la langue qui fixe et détermine les idées aura pu acquérir plus de précision, plus de généralité; mais au lieu que, dans la mécanique, on ne peut augmenter la force qu'en diminuant la vîtesse, ces méthodes, qui dirigeront le génie dans la découverte des vérités nouvelles, ont également ajouté, et à sa force, et à la rapidité de ses opérations.

Enfin, ces changemens eux-mêmes étant la suite nécessaire du progrès dans la connoissance des vérités de détail, et la cause qui amène le besoin de ressources nouvelles produisant en même-temps les moyens de les obtenir, il résulte que la masse réelle des vérités que forme le système des sciences d'observation, d'expérience ou de calcul, peut augmenter sans cesse; et cependant, toutes les parties de ce même système ne sauroient se perfectionner sans cesse, en supposant aux facultés de l'homme la même force, la même activité, la même étendue.

En appliquant ces réflexions générales aux différentes sciences, nous donnerons, pour chacune d'elles, des exemples de ces perfectionnemens successifs, qui ne laisseront aucun doute sur la certitude de ceux que

que nous devons attendre. Nous indiquerons particulièrement, pour celles que le préjugé regarde comme plus près d'être épuisées, les progrès dont l'espérance est la plus probable et la plus prochaine. Nous développerons tout ce qu'une application plus générale, plus philosophique des sciences de calcul à toutes les connoissances humaines doit ajouter d'étendue, de précision, d'unité au système entier de ces connoissances. Nous ferons remarquer comment une instruction plus universelle dans chaque pays, en donnant à un plus grand nombre d'hommes les connoissances élémentaires qui peuvent leur inspirer, et le goût d'un genre d'étude, et la facilité d'y faire des progrès, doit ajouter à ces espérances ; combien elles augmentent encore, si une aisance plus générale permet à plus d'individus de se livrer à ces occupations, puisqu'en effet à peine dans les pays les plus éclairés, la cinquantième partie de ceux à qui la nature a donné des talens, reçoivent l'instruction nécessaire pour les développer ; et qu'ainsi, le nombre des hommes destinés à reculer les bornes des sciences par leurs découvertes, devroit alors s'accroître dans cette même proportion.

Z

Nous montrerons combien cette égalité d'instruction, et celle qui doit s'établir entre les diverses nations, accéléreroient la marche de ces sciences, dont les progrès dépendent d'observations répétées en plus grand nombre, étendues sur un plus vaste territoire ; tout ce que la minéralogie, la botanique, la zoologie, la météorologie doivent en attendre ; enfin, quelle énorme disproportion existe pour ces sciences, entre la foiblesse des moyens qui, cependant, nous ont conduit à tant de vérités utiles, importantes, et la grandeur de ceux que l'homme pourroit alors employer.

Nous exposerons combien, dans les sciences mêmes où les découvertes sont le prix de la seule méditation, l'avantage d'être cultivées par un plus grand nombre d'hommes, peut encore contribuer à leurs progrès, par ces perfectionnemens de détail qui n'exigent point cette force de tête nécessaire aux inventeurs, et qui se présentent d'eux-mêmes à la simple réflexion.

Si nous passons aux arts dont la théorie dépend de ces mêmes sciences, nous verrons que les progrès qui doivent suivre ceux de cette théorie, ne doivent pas avoir d'autres limites ; que les procédés des arts sont susceptibles du même perfectionnement, des mêmes simplifications que les méthodes scientifiques ; que les instrumens, que les machines, les métiers ajouteront de plus en plus à la force, à l'adresse des hommes, augmenteront à la fois la perfection et la précision des produits, en diminuant, et le temps et le travail nécessaires pour les obtenir ; alors disparoîtront les obstacles qu'opposent encore à ces mêmes progrès, et les accidens qu'on apprendroit à prévoir, à prévenir, et l'insalubrité, soit des travaux, soit des habitudes, soit des climats.

Alors un espace de terrain de plus en plus resserré, pourra produire une masse de denrées d'une plus grande utilité ou d'une valeur plus haute ; des jouissances plus étendues pourront être obtenues avec une moindre consommation ; le même produit de l'industrie répondra à une moindre destruction de productions premières, ou deviendra d'un usage plus durable. L'on saura choisir, pour chaque sol, les productions qui sont relatives à plus de besoins entre les productions qui peuvent satisfaire aux besoins d'un même genre, celles qui satisfont une plus grande masse, en exigeant moins de travail et moins de consommation réelle. Ainsi, sans aucun sacrifice, les moyens de conservation, d'économie dans la consommation, suivront les progrès de l'art de reproduire les diverses substances, de les préparer, d'en fabriquer les produits.

Ainsi, non-seulement le même espace de terrain pourra nourrir plus d'individus; mais chacun d'eux, moins péniblement occupé, le sera d'une manière plus productive, et pourra mieux satisfaire à ces besoins.

Mais dans ces progrès de l'industrie et du bien-être, dont il résulte une proportion plus avantageuse entre les facultés, et l'homme, et ses besoins; chaque génération, soit par ces progrès, soit par la conservation des produits d'une industrie antérieure, est appelée à des jouissances plus étendues, et dès-lors, par une suite de la constitution physique de l'espèce humaine, à un accroissement dans le nombre des individus;

alors, ne doit-il pas arriver un terme où ces lois, également nécessaires, viendroient à se contrarier? où l'augmentation du nombre des hommes surpassant celle de leurs moyens, il en résulteroit nécessairement, sinon une diminution continue de bien-être et de population, une marche vraiment rétrograde, du moins une sorte d'oscillation entre le bien et le mal? Cette oscillation dans les sociétés arrivées à ce terme, ne seroit-elle pas une cause toujours subsistante de misères en quelque sorte périodiques? Ne marqueroit-elle pas la limite où toute amélioration deviendroit impossible, et à la perfectibilité de l'espèce humaine, le terme qu'elle atteindroit dans l'immensité des siècles, sans pouvoir jamais le passer?

Il n'est personne qui ne voie sans doute combien ce temps est éloigné de nous; mais devons-nous y parvenir un jour? Il est également impossible de prononcer pour ou contre la réalité future d'un événement, qui ne se réaliseroit qu'à une époque où l'espèce humaine auroit nécessairement acquis des lumières dont nous pouvons à peine nous faire une idée. Et qui, en effet, oseroit deviner ce que l'art de convertir les élémens en substances propres à notre usage doit devenir un jour ?

Mais en supposant que ce terme dût arriver, il n'en résulteroit rien d'effrayant, ni pour le bonheur de l'espèce humaine, ni pour sa perfectibilité indéfinie ; si on suppose qu'avant ce temps les progrès de la raison ayent marché de pair avec ceux des sciences et des arts, que les ridicules préjugés de la superstition, ayent cessé de répandre sur la morale, une austérité qui la corrompt et la dégrade au lieu de l'épurer et de l'élever ; les hommes sauront alors que, s'ils ont des obligations à l'égard des êtres qui ne sont pas encore, elles ne consistent pas à leur donner l'existence, mais le bonheur ; elles ont pour objet le bien-être général de l'espèce humaine ou de la société dans laquelle ils vivent ; de la famille à laquelle ils sont attachés ; et non la puérile idée de charger la terre d'êtres inutiles et malheureux. Il pourroit donc y avoir une limite à la masse possible des subsistances, et par conséquent à la plus grande population possible, sans qu'il en résultât cette destruction prématurée, si contraire à la nature et à la prospérité sociale d'une partie des êtres qui ont reçu la vie.

Comme la découverte, ou plutôt l'analyse exacte des premiers principes de la métaphysique, de la morale, de la politique, est encore récente, et qu'elle avoit été précédée de la connoissance d'un grand nombre de vérités de détail, le préjugé qu'elles ont atteint par-là leur dernière limite s'est facilement établi ; on a supposé qu'il n'y avoit rien à faire, parce qu'il ne restoit plus à détruire d'erreurs grossières, et de vérités fondamentales à établir.

Mais il est aisé de voir, combien l'analyse des facultés intellectuelles et morales de l'homme, est encore imparfaite ; combien la connoissance de ses devoirs, qui supposent celle de l'influence de ses actions sur le bien-être de ses semblables, sur la société dont il est membre, peut s'étendre encore par une observation plus fixe, plus approfondie, plus précise de cette influence ; combien il reste de questions à résoudre, de rapports sociaux à examiner, pour connoître avec exactitude, l'étendue des droits individuels de l'homme, et de ceux que l'état social donne à tous à l'égard de chacun. A-t-on même jusqu'ici, avec quelque précision, posé les limites de ces droits, soit entre les diverses sociétés, soit de ces sociétés sur leurs membres, dans les troubles qui divisent chacune d'elles ; soit enfin ceux des individus, des réunions spontanées, dans le cas d'une formation libre et primitive; ou d'une séparation devenue nécessaire ?

Si on passe maintenant à la théorie qui doit diriger l'application de ces principes, et servir de base à l'art social, ne voit-on pas la nécessité d'atteindre à une précision, dont ces vérités premières ne peuvent être susceptibles dans leur généralité absolue ? Sommes-nous parvenus au point de donner pour base à toutes les dispositions des lois, ou la justice, ou une utilité prouvée et reconnue, et non les vues vagues, incertaines, arbitraires, de prétendus avantages politiques ? Avons-nous fixé des règles précises pour choisir, avec assurance, entre le nombre presque infini des combinaisons possibles, où les principes généraux de l'égalité et des droits naturels seroient respectés, celles qui assurent davantage la conservation de ces droits, laissent à leur exercice, à leur jouissance une plus grande étendue, assurent davantage le repos, le bien-être des individus, la force, la paix, la prospérité des nations.

L'Application du calcul des combinaisons et des probabilités, à ces mêmes sciences, promet des progrès d'autant plus importans, qu'elle est à la fois le seul moyen de donner à leurs résultats une précision presque mathématique, et d'en apprécier le degré de certitude ou de vraisemblance. Les faits sur lesquels ces résultats sont appuyés peuvent bien, sans calcul et d'après la seule observation, conduire quelquefois à des vérités générales; apprendre si l'effet produit par une telle cause a été favorable ou contraire; mais si ces faits n'ont pu être ni comptés, ni pesés; si ces effets n'ont pu être soumis à une mesure exacte, alors on ne pourra connoître celle du bien ou du mal qui résulte de cette cause; et si l'un et l'autre se compensent avec quelque égalité; si la différence n'est pas très-grande, on ne pourra même prononcer, avec quelque certitude, de quel côté penche la balance. Sans l'application du calcul, souvent il seroit impossible de choisir, avec quelque sûreté, deux combinaisons formées pour obtenir le même but, lorsque les avantages qu'elles présentent ne frappent point par une disproportion évidente. Enfin, sans ce même secours, ces sciences resteroient toujours grossières et bornées, faute d'instrumens assez finis pour y saisir la vérité fugitive, de machines assez sûres pour atteindre la profondeur de la mine, où se cachent une partie de leurs richesses.

Cependant cette application, malgré les efforts heureux de quelques géomètres, n'en est encore pour ainsi dire qu'à ses premiers élémens, et elle doit ouvrir, aux générations suivantes, une source de lumières vraiment inépuisable, comme la science même du calcul, comme le nombre des combinaisons, des rapports et des faits que l'on peut y soumettre.

Il est un autre progrès de ces sciences non moins important ; c'est le perfectionnement de leur langue, si vague encore et si obscure. Or, c'est à ce perfectionnement qu'elles peuvent devoir l'avantage, de devenir véritablement populaires même dans leurs premiers élémens. Le génie triomphe de ces inexactitudes des langues scientifiques comme des autres obstacles ; il reconnoît la vérité malgré ce masque étranger qui la cache ou qui la déguise ; mais celui qui ne peut donner à son instruction qu'un petit nombre d'instans, pourra-t-il acquérir, conserver ces notions les plus simples, si elles sont défigurées par un langage inexact ? Moins il peut rassembler et combiner d'idées, plus il a besoin qu'elles soient justes, qu'elles soient précises ; il ne peut trouver dans sa propre intelligence, un systême de vérités qui le défendent contre l'erreur, et son esprit qu'il n'a ni fortifié ni raffiné par un long exercice, ne peut saisir les foibles lueurs qui s'échappent, à travers les obscurités, les équivoques d'une langue imparfaite et vicieuse.

Les hommes ne pourront s'éclairer sur la nature et le développement de leurs sentimens moraux, sur les principes de la morale, sur les motifs naturels d'y conformer leurs actions, sur les intérêts, soit comme individus, soit comme membres d'une société, sans faire aussi dans la morale pratique des progrès non moins réels que ceux de la science même. L'intérêt mal entendu n'est-il pas la cause la plus fréquente des actions contraires au bien général? La violence des passions n'est-elle pas souvent l'effet d'habitudes, auxquelles on ne s'abandonne que par un faux calcul, ou de l'ignorance des moyens de résister à leurs premiers mouvemens, de les adoucir, d'en détourner, d'en diriger l'action.

L'HABITUDE de réfléchir sur sa propre conduite, d'interroger et d'écouter sur elle sa raison et sa conscience, celle des sentimens doux qui confondent notre bonheur avec celui des autres, ne sont-elles pas une suite nécessaire de l'étude de la morale bien dirigée; d'une plus grande égalité dans les conditions du pacte social? Cette conscience de sa dignité qui appartient à l'homme libre, une éducation fondée sur une connoissance approfondie de notre constitution morale, ne doivent-elles pas rendre communs à presque tous les hommes, ces principes d'une justice rigoureuse et pure, ces mouvemens habituels d'une bienveillance active, éclairée, d'une sensibilité délicate et généreuse, dont la nature a placé le germe dans tous les cœurs, et qui n'attendent pour s'y développer que la douce influence des lumières et de la liberté ? De même que les sciences mathématiques et physiques servent à perfectionner les arts employés pour nos besoins les plus simples, n'est-il pas également dans l'ordre nécessaire de la nature, que les progrès des sciences morales et politiques exercent la même action, sur les motifs qui dirigent nos sentimens et nos actions.

Le perfectionnement des lois, des institutions publiques, suite des progrès de ces sciences, n'a-t-il point pour effet de rapprocher, d'identifier l'intérêt commun de chaque homme, avec l'intérêt commun de tous ? Le but de l'art social n'est-il pas de détruire cette opposition apparente ? et le pays dont la constitution et les lois se conformeront le plus exactement au vœu de la raison et de la nature, n'est-il pas celui où la vertu sera plus facile, où les tentations de s'en écarter seront les plus rares et les plus foibles ?

Quelle est l'habitude vicieuse, l'usage contraire à la bonne-foi, quel est même le crime, dont on ne puisse montrer l'origine, la cause première, dans la législation, dans les institutions, dans les préjugés du pays où l'on observe cet usage, cette habitude, où ce crime s'est commis ?

Enfin le bien être qui suit les progrès que font les arts utiles, en s'appuyant sur une saine théorie, ou ceux d'une législation juste, qui se fonde sur les vérités des sciences politiques, ne dispose-t-il pas les hommes à l'humanité, à la bienfaisance, à la justice ?

Toutes ces observations enfin que nous nous proposons de développer dans l'ouvrage même, ne prouvent-elles pas que la bonté morale de l'homme, résultat nécessaire de son organisation, est, comme toutes les autres facultés, susceptible d'un perfectionnement indéfini, et que la nature lie, par une chaîne indissoluble, la vérité, le bonheur et la vertu ?

Parmi les progrès de l'esprit humain les plus importans pour le bonheur général, nous devons compter l'entière destruction des préjugés, qui ont établi entre les deux sexes, une inégalité de droits funeste à celui même qu'elle favorise. On chercheroit en vain des motifs de la justifier, par les différences de leur organisation physique, par celle qu'on voudroit trouver dans la force de leur intelligence, dans leur sensibilité morale. Cette inégalité n'a eu d'autre origine que l'abus de la force, et c'est vainement qu'on a essayé depuis, de l'excuser par des sophismes.

Nous montrerons combien la destruction des usages autorisés par ce préjugé, des lois qu'il a dictées, peut contribuer à augmenter le bonheur des familles, à rendre communes les vertus domestiques, premier fondement de toutes les autres; à favoriser les progrès de l'instruction, et sur-tout à la rendre vraiment générale; soit parce qu'on l'étendroit aux deux sexes avec plus d'égalité, soit parce qu'elle ne peut devenir générale, même pour les hommes, sans le concours des mères de famille. Cet hommage trop tardif, rendu enfin à l'équité et au bon sens, ne tariroit-il pas une source trop féconde d'injustices, de cruautés et de crimes, en faisant disparoître une opposition si dangereuse, entre le penchant naturel le plus vif, le plus difficile à réprimer, et les devoirs de l'homme, ou les intérêts de la société ? Ne produiroit-il pas enfin ce qui n'a jamais été jusqu'ici qu'une chimère ; des mœurs nationales, douces et pures, formées, non de privations orgueilleuses, d'apparences hypocrites, de réserves imposées par la crainte de la honte ou les terreurs religieuses, mais d'habitudes librement contractées, inspirées par la nature, avouées par la raison ?

Les peuples plus éclairés, se ressaisissant du droit de disposer eux-mêmes de leur sang et de leurs richesses, apprendront peu-à-peu à regarder la guerre comme le fléau le plus funeste, comme le plus grand des crimes. On verra d'abord disparoître celles, où les usurpateurs de la souveraineté des nations les entraînoient, pour de prétendus droits héréditaires.

Les peuples sauront qu'ils ne peuvent devenir

devenir conquérans sans perdre leur liberté ; que des confédérations perpétuelles sont le seul moyen de maintenir leur indépendance ; qu'ils doivent chercher la sûreté et non la puissance. Peu-à-peu les préjugés commerciaux se dissiperont ; un faux intérêt mercantile perdra l'affreux pouvoir d'ensanglanter la terre, et de ruiner les nations sous prétexte de les enrichir. Comme les peuples se rapprocheront enfin dans les principes de la politique et de la morale, comme chacun d'eux, pour son propre avantage, appellera les étrangers à un partage plus égal des biens qu'il doit à la nature ou à son industrie, toutes ces causes qui produisent, enveniment, perpétuent les haines nationales, s'évanouiront peu-à-peu, elles ne fourniront plus à la fureur belliqueuse, ni aliment, ni prétexte.

Des institutions, mieux combinées que ces projets de paix perpétuelle, qui ont occupé le loisir et consolé l'ame de quelques philosophes, accéléreront les progrès de cette fraternité des nations ; et les guerres entre les peuples, comme les assassinats, seront au nombre de ces atrocités extraordinaires qui humilient et révoltent la nature, qui impriment un long opprobre sur le pays, sur le siècle dont les annales en ont été souillées.

En parlant des beaux arts dans la Grèce, en Italie, en France, nous avons observé déjà, qu'il falloit distinguer dans leurs productions, ce qui appartenoit réellement au progrès de l'art, et ce qui n'étoit dû qu'au talent de l'artiste. Nous indiquerons ici les progrès que nous pouvons attendre encore, soit de ceux de la philosophie et des sciences, soit des observations plus nombreuses, plus approfondies, sur l'objet, sur les effets, sur les moyens de ces mêmes arts, soit enfin de la destruction des préjugés qui en ont resserré la sphère, et qui les retiennent encore sous ce joug de l'autorité, que les sciences et la philosophie ont brisé. Nous examinerons si, comme on l'a cru, ces moyens doivent s'épuiser, parce que les beautés les plus sublimes ou les plus touchantes ayant été saisies, les sujets les plus heureux ayant été traités, les combinaisons les plus simples et les plus frappantes ayant été employées, les caractères les plus fortement prononcés, les plus généraux, ayant été tracés, les traits, les plus énergiques passions, leurs expressions les plus naturelles ou les plus vraies, les vérités les plus imposantes, les images les plus brillantes ayant été mises en œuvre, les arts sont condamnés, quelque fécondité qu'on suppose dans leurs moyens, à l'éternelle monotonie de l'imitation des premiers modèles.

Nous ferons voir que cette opinion n'est qu'un préjugé, né de l'habitude qu'ont les littérateurs et les artistes, de juger les hommes au lieu de jouir des ouvrages ; que si l'on doit perdre de ce plaisir réfléchi, produit par la comparaison des productions des différens siècles ou des divers pays, par l'admiration qu'excitent les efforts ou les succès du génie, cependant les jouissances que donnent ces productions, considérées en elles-mêmes, et dépendant de leur perfection réelle, doivent être aussi vives, quand même celui à qui on les doit, auroit eu moins de mérite à s'élever jusqu'à cette perfection. A mesure que ces productions, vraiment dignes d'être conservées, se multiplieront, deviendront plus parfaites, chaque génération exercera sa curiosité, son admiration, sur celles qui méritent la préférence ; tandis qu'insensiblement les autres tomberont dans l'oubli ; et ces jouissances, dues à ces beautés plus simples, plus frappantes qui ont été saisies les premières, n'en existeront pas moins pour les générations nouvelles, quand elles ne devroient les trouver que dans des productions plus modernes.

Les progrès des sciences assurent les progrès de l'art d'instruire, qui eux-mêmes accélèrent ensuite ceux des sciences ; et cette influence réciproque, dont l'action se renouvelle sans cesse, doit être placée au nombre des causes les plus actives, les plus puissantes du perfectionnement de l'espèce humaine. Aujourd'hui, un jeune homme, au sortir de nos écoles, sait en mathématiques, au-delà de ce que Newton avoit appris par de profondes études, ou découvert par son génie ; il sait manier l'instrument du calcul avec une facilité alors inconnue. La même observation peut s'appliquer à toutes les sciences, cependant avec quelque inégalité. A mesure que chacune d'elles s'agrandit, les moyens de resserrer dans un plus petit espace, les preuves d'un plus grand nombre de vérités, et d'en faciliter l'intelligence, se perfectionneront également. Ainsi, non-seulement, malgré les nouveaux progrès des sciences, les hommes d'un génie égal, se retrouvent à la même époque de leur vie, au niveau de l'état actuel de la science ; mais pour chaque génération ; ce qu'avec une même force de tête, une même attention, on peut apprendre dans le même espace de temps, s'accroîtra nécessairement, et la portion élémentaire de chaque science, celle à laquelle tous les hommes peuvent atteindre, devenant de plus en plus étendue, renfermera d'une manière plus complète ce qu'il peut être nécessaire à chacun de savoir, pour se diriger dans la vie commune, pour exercer sa raison avec une entière indépendance.

Dans les sciences politiques, il est un ordre de vérités qui, sur-tout chez les peuples libres, (c'est-à-dire dans quelques générations chez tous les peuples,) ne peuvent être utiles, que lorsqu'elles son généralement connues et avouées. Ainsi l'influence du progrès de ces sciences su la liberté, sur la prospérité des nations, doivent en quelque sorte se mesurer, sur le nombre de ces vérités, qui, par l'effet d'une instruction élémentaire, deviennent communes à tous les esprits ; ainsi, les progrès toujours croissans de cette instruction élémentaire, liés eux-mêmes aux progrès nécessaires de ces sciences, nous répondent d'une amélioration dans les destinées de l'espèce humaine, qui peut être regardée comme indéfinie, puisqu'elle n'a d'autres limites que celles de ces progrès mêmes.

Il nous reste maintenant à parler de deux moyens généraux, qui doivent influer à la fois, et sur le perfectionnement de l'art d'instruire, et sur celui des sciences ; l'un est l'emploi plus étendu et moins imparfait de ce qu'on peut appeler les méthodes tecniques ; l'autre, l'institution d'une langue universelle.

J'entends par méthodes tecniques, l'art de réunir un grand nombre d'objets sous une disposition systématique, qui permette d'en voir d'un coup-d'œil les rapports, d'en saisir rapidement les combinaisons, d'en former plus facilement de nouvelles.

Nous développerons les principes, nous ferons sentir l'utilité de cet art, qui est encore dans son enfance, et qui peut, en se perfectionnant, offrir, soit l'avantage de rassembler dans le petit espace d'un tableau, ce qu'il seroit souvent difficile de faire entendre aussi promptement, aussi bien, dans un livre très-étendu; soit le moyen plus précieux encore, de présenter les faits isolés, dans la disposition la plus propre à en déduire des résultats généraux. Nous exposerons comment, à l'aide d'un petit nombre de ces tableaux, dont il seroit facile d'apprendre l'usage, les hommes qui n'ont pu s'élever assez au-dessus de l'instruction la plus élémentaire, pour se rendre propres les connoissances de détail utiles, dans la vie commune, pourront les retrouver à volonté lorsqu'ils en éprouveront le besoin; comment enfin l'usage de ces mêmes méthodes, peut faciliter l'instruction élémentaire dans tous les genres, où cette instruction se fonde, soit sur un ordre systématique de vérités, soit sur une suite d'observations ou de faits.

Une langue universelle est celle qui

exprime par des signes, soit des objets réels, soit ces collections bien déterminées qui, composées d'idées simples et générales, se trouvent les mêmes, ou peuvent se former également dans l'entendement de tous les hommes; soit enfin les rapports généraux entre ces idées, les opérations de l'esprit humain, celles qui sont propres à chaque science, ou les procédés des arts. Ainsi, les hommes qui connoîtroient ces signes, la méthode de les combiner, et les lois de leur formation, entendroient ce qui est écrit dans cette langue, et l'exprimeroient avec une égale facilité, dans la langue commune de leur pays.

On voit que cette langue pourroit être employée pour exposer, ou la théorie d'une science, ou les règles d'un art; pour rendre compte d'une expérience ou d'une observation nouvelle; de l'invention d'un procédé, de la découverte, soit d'une vérité, soit d'une méthode; que, comme l'algèbre, lorsqu'elle seroit obligée de se servir de signes nouveaux, ceux qui seroient déjà connus, donneroient les moyens d'en expliquer la valeur.

Une telle langue n'a pas l'inconvénient d'un idiome scientifique, différent du langage commun. Nous avons observé déjà, que l'usage de cet idiome, partageroit nécessairement les sociétés en deux classes inégales entre elles ; l'une composée des hommes qui, connoissant ce langage, auroient la clef de toutes les sciences ; l'autre de ceux qui, n'ayant pu l'apprendre, se trouveroient dans l'impossibilité presque absolue d'acquérir des lumières. Ici, au contraire, la langue universelle s'y apprendroit avec la science même, comme celle de l'algèbre ; on connoîtroit le signe en même-temps que l'objet, l'idée, l'opération qu'il désigne. Celui qui ayant appris les élémens d'une science, voudroit y pénétrer plus avant, trouveroit dans les livres, non-seulement les vérités qu'il peut entendre, à l'aide des signes dont il connoît déjà la valeur, mais l'explication des nouveaux signes dont on a besoin pour s'élever à d'autres vérités.

Nous montrerons que la formation d'une telle langue, si elle se borne à exprimer des propositions simples, précises, comme celles qui forment le système d'une science, ou de la pratique d'un art, ne seroit rien moins qu'une idée chimérique ; que l'exécution même en seroit déjà facile pour un grand nombre d'objets ; que l'obstacle le plus réel qui l'empêcheroit de l'étendre à d'autres, seroit la nécessité un peu humiliante de reconnoître combien peu nous avons d'idées précises, de notions bien déterminées, bien convenues entre les esprits.

Nous indiquerons comment, se perfectionnant sans cesse, acquérant chaque jour plus d'étendue, elle serviroit à porter sur tous les objets qu'embrasse l'intelligence humaine, une rigueur, une précision qui rendroit la connoissance de la vérité facile, et l'erreur presque impossible. Alors la marche de chaque science auroit la sûreté de celle des mathématiques, et les propositions qui en forment le système, toute la certitude géométrique, c'est-à-dire toute celle que permettent la nature de leur objet et de leur méthode.

Toutes ces causes du perfectionnement de l'espèce humaine, tous ces moyens qui l'assurent, doivent, par leur nature, exercer une action toujours active, et acquérir une étendue toujours croissante.

Nous en avons exposé les preuves, qui, dans l'ouvrage même, recevront par leur développement, une force plus grande ; nous pourrions donc conclure déjà, que la perfectibilité de l'homme est indéfinie ; et cependant, jusqu'ici, nous ne lui avons supposé que les mêmes facultés naturelles, la même organisation. Quelles seroient donc la certitude, l'étendue de ses espérances, si l'on pouvoit croire que ces facultés naturelles elles-mêmes, cette organisation, sont aussi susceptibles de s'améliorer, et c'est la dernière question qu'il nous reste à examiner!

La perfectibilité ou la dégénération organiques des races dans les végétaux, dans les animaux, peut être regardée comme une des lois générales de la nature.

Cette loi s'étend à l'espèce humaine, et personne ne doutera sans doute, que les progrès dans la médecine conservatrice, l'usage d'alimens et de logemens plus sains, une manière de vivre qui développeroit les forces par l'exercice, sans les détruire par des excès ; qu'enfin, la destruction des deux causes les plus actives de dégradation, la misère et la trop grande richesse, ne doivent prolonger, pour les hommes, la durée de la vie commune, leur assurer une santé plus constante, une constitution plus robuste. On sent que les progrès de la médecine préservatrice, devenus plus efficaces par ceux de la raison et de l'ordre social, doivent faire disparoître à la longue les maladies transmissibles ou contagieuses, et ces maladies générales, qui doivent leur origine aux climats, aux alimens, à la nature des travaux. Il ne seroit pas difficile de prouver que cette espérance doit s'étendre à presque toutes les autres maladies, dont il est vraisemblable que l'on saura toujours reconnoître les causes éloignées. Seroit-il absurde, maintenant, de supposer que ce perfectionnement de l'espèce humaine, doit être regardé comme susceptible d'un progrès indéfini, qu'il doit arriver un temps où la mort ne seroit plus que l'effet, ou d'accidens extraordinaires, ou de la destruction de plus en plus lente des forces vitales, et qu'enfin la durée de l'intervalle moyen, entre la naissance et cette destruction, n'a elle-même aucun terme assignable? Sans doute l'homme ne deviendra pas immortel, mais la distance entre le moment où il commence à vivre, l'époque commune où naturellement sans maladie, sans accident, il éprouve la difficulté d'être, ne peut-elle s'accroître sans cesse? Comme nous parlons ici d'un progrès susceptible d'être représenté avec précision, par des quantités numériques ou par des lignes, c'est le moment où il convient de développer les deux sens dont le mot *indéfini* est susceptible.

EN effet, cette durée moyenne de la vie, qui doit augmenter sans cesse, à mesure que nous enfonçons dans l'avenir, peut recevoir des accroissemens, suivant une loi telle, qu'elle approche continuellement d'une étendue illimitée, sans pouvoir l'atteindre jamais; ou bien suivant une loi telle, que cette même durée puisse acquérir, dans l'immensité des siècles, une étendue plus grande, qu'une quantité déterminée quelconque qui lui auroit été assignée pour limite. Dans ce dernier cas, les accroissemens sont réellement indéfinis dans le sens le plus absolu, puisqu'il n'existe pas de borne, en-deça de laquelle ils doivent s'arrêter.

Dans le premier, ils le sont encore par rapport à nous, si nous ne pouvons fixer ce terme, qu'ils ne peuvent jamais atteindre, et dont ils doivent toujours s'approcher ; sur-tout si, connoissant seulement qu'ils ne doivent point s'arrêter, nous ignorons même dans lequel de ces deux sens, le terme d'indéfini leur doit être appliqué ; et tel est précisément le terme de nos connoissances actuelles, sur la perfectibilité de l'espèce humaine, tel est le sens dans lequel nous pouvons l'appeler indéfinie.

Ainsi, dans l'exemple que l'on considère ici, nous devons croire, que cette durée moyenne de la vie humaine, doit croître sans cesse, si des révolutions physiques ne s'y opposent pas ; mais nous ignorons quel est le terme qu'elle ne doit jamais passer ; nous ignorons même si les lois générales de la nature, en ont déterminé, au-delà duquel elle ne puisse s'étendre.

Mais les facultés physiques, la force, l'adresse, la finesse des sens, ne sont-elles pas au nombre de ces qualités, dont le perfectionnement individuel peut se transmettre? L'observation des diverses races d'animaux domestiques, doit nous porter à le croire, et nous pourrons les confirmer par des observations directes faites sur l'espèce humaine.

Enfin, peut-on étendre ces mêmes espérances jusques sur les facultés intellectuelles et morales? Et nos parens, qui nous transmettent les avantages ou les vices de leur conformation, de qui nous tenons, et les traits distinctifs de la figure, et les dispositions à certaines affections physiques, ne peuvent-ils pas nous transmettre aussi cette partie de l'organisation physique, d'où dépendent l'intelligence, la force de tête, l'énergie de l'ame ou la sensibilité morale? N'est-il pas vraisemblable que l'éducation, en perfectionnant ces qualités, influe sur cette même organisation, la modifie et la perfectionne? L'analogie, l'analyse du développement des facultés humaines, et même quelques faits, semblent prouver la réalité de ces conjectures, qui reculeroient encore les limites de nos espérances.

Telles sont les questions dont l'examen doit terminer cette dernière époque ; et combien ce tableau de l'espèce humaine, affranchie de toutes ses chaînes, soustraite à l'empire du hasard, comme à celui des ennemis de ses progrès, et marchant d'un pas ferme et sûr dans la route de la vérité, de la vertu et du bonheur, présente au philosophe, un spectacle qui le console des erreurs, des crimes, des injustices dont la terre est encore souillée, et dont il est souvent la victime ? C'est dans la contemplation de ce tableau qu'il reçoit le prix de ses efforts pour les progrès de la raison, pour la défense de la liberté. Il ose alors les lier à la chaîne éternelle des destinées humaines ; c'est-là qu'il trouve la vraie récompense de la vertu, le plaisir d'avoir fait un bien durable, que la fatalité ne détruira plus par une compensation funeste, en ramenant les préjugés et l'esclavage. Cette contemplation est pour lui un asile, où le souvenir de ses persécuteurs ne peut le poursuivre ; où vivant par la pensée avec l'homme rétabli

dans

dans les droits comme dans la dignité de sa nature, il oublie celui que l'avidité, la crainte ou l'envie tourmentent et corrompent; c'est-là qu'il existe véritablement avec ses semblables, dans un élisée que sa raison a su se créer, et que son amour pour l'humanité embellit des plus pures jouissances.

F I N.

TABLE
DES MATIÈRES.

PREMIERE ÉPOQUE.
Les hommes sont réunis en peuplades. 25

DEUXIEME ÉPOQUE.
Les peuples pasteurs. Passage de cet état à celui des peuples agriculteurs. 30

TROISIEME ÉPOQUE.
Progrès des peuples agriculteurs, jusqu'à l'invention de l'écriture alphabétique. 42

QUATRIEME ÉPOQUE.
Progrès de l'esprit humain dans la Grèce, jusqu'au temps de la division des sciences, vers le siècle d'Alexandre. 74

CINQUIEME EPOQUE.

Progrès des sciences depuis leur division jusqu'à leur décadence. 101

SIXIEME ÉPOQUE.

Décadence des lumières, jusqu'à leur restauration vers le temps des croisades.
144

SEPTIEME EPOQUE.

Depuis les premiers progrès des sciences vers leur restauration dans l'Occident, jusqu'à l'invention de l'imprimerie. 166

HUITIEME ÉPOQUE.

Depuis l'invention de l'imprimerie, jusqu'au temps où les sciences et la philosophie secouèrent le joug de l'autorité. 185

NEUVIEME EPOQUE.

Depuis Descartes jusqu'à la formation de la République Françoise. 233

DIXIEME ÉPOQUE.

Des progrès futurs de l'esprit humain. 327

Fin de la Table.

De l'Imprimerie de BOISTE, rue Haute-Feuille, N°. 21.

www.ingramcontent.com/pod-product-compliance
Lightning Source LLC
Chambersburg PA
CBHW050425170426
43201CB00008B/549